103 IDÉES DE COLLECTE DE FONDS POUR LES PARENTS BÉNÉVOLES DES ÉCOLES ET DES ÉQUIPES

Cathy McGough

Stratford Living Publishing

CE QUE DISENT LES LECTEURS

En provenance des États-Unis

« J'ai été très impressionné par ce livre et par la quantité d'informations qu'il contient. Il s'agit d'une formidable source d'informations sur l'organisation d'événements et sur le choix de l'événement qui convient le mieux à l'organisation. La prochaine fois que vous chercherez à collecter des fonds pour votre école ou votre organisation, ne faites pas comme d'habitude - jetez un coup d'œil au livre de Cathy McGough et considérez de nouvelles idées qui enthousiasmeront la communauté !

CINQ ÉTOILES, LE LIVRE PRÉFÉRÉ DES LECTEURS

« Ce livre devrait se trouver dans toutes les écoles ! Un excellent guide pour les écoles et les camps.

CINQ ÉTOILES POUR UN LECTEUR D'AMAZON

INSPIRATION

« À moins que quelqu'un comme vous ne se préoccupe
beaucoup de la situation,
rien ne va s'améliorer.
Ce n'est pas le cas. »
Dr. Seuss
« Les volontaires sont les seuls êtres humains à la surface
de la terre
de la terre qui reflètent la compassion de cette nation,
l'attention désintéressée, la patience,
et tout simplement l'amour des uns pour les autres ».
Erma Bombeck
« Les grandes choses sont faites par une série de petites
choses réunies.
Vincent Van Gogh

INSPIRATION

« Nous vivons de ce que nous obtenons, mais nous vivons
de ce que nous donnons.
par ce que nous donnons. »
Winston Churchill
« Personne n'est inutile en ce monde
qui allège le fardeau d'autrui ».
Charles Dickens
« Si nous faisions tout ce dont nous sommes capables,
nous nous étonnerions nous-mêmes. »
Thomas Edison
« C'est en donnant de soi que l'on donne vraiment. "
Khalil Gibran
« Je ne peux pas changer le monde à moi tout seul,
mais je peux jeter une pierre sur les eaux pour créer de
nombreuses ondulations.
une pierre sur les eaux pour créer de nombreuses
ondulations ».
Mother Teresa

TABLE DES MATIÈRES

INTRODUCTION

Cathy McGough est une collectrice de fonds primée, ayant dirigé l'équipe combinée du personnel et des bénévoles de Lifeline Sydney et Sutherland (Sydney, NSW, Australie) dans le cadre de deux campagnes primées.

1/ Prix de l'association caritative de l'année 2008 de la ville de Sydney

2/ Lauréat de la Mental Health Association NSW Inc. dans la catégorie des organisations non gouvernementales ou communautaires 2008 - Mental Health Matters Awards.

Cathy a également travaillé sans relâche en tant que responsable et membre d'organisations de collecte de fonds pour soutenir les écoles (de la maternelle au lycée) ainsi que les équipes sportives. Elle comprend parfaitement à quel point l'expérience peut être longue et exaltante. Elle propose des conseils, des plans et 103 idées de collecte de fonds pour vous aider et vous inspirer.

Ce livre a remporté la troisième place aux SIBA Awards 2016 de Metamorph Publishing dans la catégorie Meilleure référence.

Pour plus d'informations sur la carrière de Cathy dans le domaine de la collecte de fonds, recherchez-la sur LinkedIn.

AVANT-PROPOS

Chers *parents, amis et bénévoles,*

L'objectif de ce livre est d'aider les parents qui cherchent des moyens de contribuer à l'éducation de leurs enfants. Les parents qui font partie de divers comités, qu'il s'agisse d'équipes de football ou de hockey, d'écoles maternelles, d'écoles privées ou publiques, et compte tenu des coupes budgétaires généralisées, la seule façon d'obtenir les outils dont vos enfants ont besoin pour réussir est de travailler ensemble en tant qu'enseignants/entraîneurs et parents au sein de comités et de fixer des objectifs réalisables afin que vous puissiez collecter vous-mêmes l'argent nécessaire.

Par le passé, en combinant plusieurs de ces idées de collecte de fonds, nous avons été en mesure d'atteindre et parfois même de dépasser nos propres attentes. Voici une liste de quelques-unes des choses que nous avons pu réaliser en tant que groupe au fil des ans :

*Nous avons réapprovisionné la bibliothèque de notre école.

*Nous avons financé le salaire à temps partiel pour que notre école puisse avoir un professeur de musique.

*Nous avons collecté des fonds pour moderniser les ordinateurs de l'école.

*Nous avons collecté des fonds pour l'achat d'une unité de climatisation.

*Nous avons collecté des fonds pour un stockage supplémentaire pour l'école.

*Nous avons collecté des fonds pour des rénovations nécessaires.

*Nous avons financé des cadeaux annuels pour la classe de fin d'études.

*Nous avons collecté des fonds pour l'achat d'instruments de musique sur place afin d'aider l'équipe de musique.

*Nous avons collecté des fonds pour un enseignant et des tableaux pour un club d'échecs après l'école.

*Nous avons collecté des fonds pour un programme de langues après l'école, y compris un professeur.

*Nous avons collecté des fonds pour un programme de remise en forme dans toute l'école.

La liste est encore longue et ce que vous pouvez réaliser n'est limité que par votre propre imagination.

Lisez la suite - 103 idées de collecte de fonds vous attendent !

Alors, allez-y, collectez des fonds !

À vous,

Cathy McGough

A tous les merveilleux parents bénévoles...
VOUS ÊTES GÉNIAUX !
Ensemble, nous faisons en sorte que la magie opère
chaque jour.

INSPIRATION

« Ne doutez jamais qu'un petit groupe de citoyens réfléchis
et engagés puisse changer le monde,
réfléchi et engagé peut changer le monde.
En fait, c'est la seule chose qui l'ait jamais fait ».
Margaret Mead.
« Ceux qui mettent du soleil dans la vie des autres
ne peuvent s'en priver. »
J. M. Barrie

COMMENÇONS

OBJECTIFS ET BUDGET

En tant que collecteur de fonds, il est entendu que votre objectif est de collecter des fonds pour l'école ou l'équipe de votre enfant.

Vous devez d'abord savoir quels sont les services et/ou les améliorations nécessaires. Quel est votre objectif global ? Comment allez-vous y parvenir... avec un investissement financier minimal ? Comment allez-vous gérer les coûts initiaux ? Par exemple, la location d'une salle pour un événement.

« Faites attention à l'endroit où vous allez, car
sans signification, vous risquez de n'arriver nulle part ».
A. A. Milne

REGARDER VERS L'AVENIR

É TABLIR DES OBJECTIFS
Le moyen le plus simple de déterminer ce qui est nécessaire est de rencontrer le directeur ou l'entraîneur et de dresser une liste de souhaits de tout ce dont les enfants ont besoin.

Soyez réalistes.

Surtout si c'est la première année qu'une équipe est constituée pour collecter des fonds.

Si ce n'est pas la première année, vous aurez un historique des succès (et des échecs) et cela vous aidera à établir un budget de collecte de fonds.

OBJECTIFS FINANCIERS

BUDGET DE COLLECTE DE FONDS
Comme pour tout autre budget, vous devrez inclure des listes pour tous les coûts individuels, y compris les projections. Une bonne budgétisation et une bonne planification vous permettront de maîtriser vos dépenses.

Si, par exemple, votre école a besoin d'articles d'une valeur totale de 20 000 dollars, vous devrez prévoir des événements et des activités sociales, avec des projections pour chacun d'entre eux.

Tout cela peut sembler insurmontable, mais continuez à lire pour trouver des idées spécifiques que vous pouvez ajouter à la liste et mettre en œuvre dans votre budget.

ROMPRE AVEC L'HABITUDE

BUDGET ET OBJECTIFS DE L'ÉVÉNEMENT INDIVIDUEL

Au fur et à mesure que vous parcourez les 103 idées de collecte de fonds, notez celles qui, selon vous, fonctionneraient bien dans votre environnement. Choisissez celles qui vous enthousiasment tout en vous donnant l'impression qu'elles sont pratiques - qu'elles fonctionneront.

DÉCOMPOSEZ CHAQUE ÉVÉNEMENT

Décomposez chaque événement et dressez une liste détaillée de ce dont vous aurez besoin et des dépenses prévues.

Il existe de nombreux sites GRATUITS en ligne pour vous aider à établir un budget. L'utilisation d'une feuille de calcul vous aidera à rester organisé. Il est essentiel de le mettre à jour régulièrement. N'oubliez pas que plus vous avez d'informations, mieux c'est.

Une fois que vous savez où vous allez, vous pouvez essayer d'obtenir des dons pour le plus grand nombre d'articles possible. Plus d'informations à ce sujet prochainement.

Votre trésorier doit mettre en place une politique pour tous les aspects de la gestion de l'argent lors des événements. Nous y reviendrons plus tard. Voir la rubrique distincte consacrée à l'argent pour une analyse détaillée de ces domaines.

DOSSIERS DE COLLECTE DE FONDS

La plupart des comités de parents bénévoles changent tous les ans car les responsables sont élus pour un mandat.

Cela ne doit pas vous empêcher de fixer des objectifs à long terme et de tenir des registres qui aideront le prochain groupe de bénévoles.

PUBLICITÉ ET MÉDIAS SOCIAUX

L'utilisation des médias sociaux par une organisation à but non lucratif ne coûte rien pour l'instant.

Une fois que votre école ou votre équipe a mis en place ses médias sociaux, vous pouvez programmer les nouvelles concernant les événements de collecte de fonds, etc.

Vous pouvez créer des groupes de parents/bénévoles.

Se connecter avec les familles. Entrer en contact avec des amis.

Demander de l'aide.

Créez une communauté.

Il s'agit d'un élément clé de votre plan de pré-marketing et de post-marketing.

Votre contact au sein de l'école ou de l'équipe aura une image à entretenir et il y aura soit un bénévole, soit un membre du personnel qui mettra régulièrement à jour le site, fera des affichages réguliers, répondra aux questions, etc.

Cela prend du temps à mettre en place et à entretenir et vous pouvez participer aux publications programmées de l'école.

Il est préférable qu'une personne de votre équipe de bénévoles soit régulièrement en contact avec la personne qui coordonne les médias pour l'école ou l'équipe de votre enfant, qu'elle la tienne au courant et qu'elle l'informe. Le développement d'une relation solide avec cette personne pourrait être la clé du succès de votre événement.

Les médias sociaux sont également une excellente plateforme pour attirer des bénévoles, mais votre site web, votre bulletin d'information et votre tableau d'affichage offrent également des possibilités d'attirer l'attention et de recruter de nouvelles personnes.

Il existe probablement un grand nombre de calendriers d'événements gratuits pour votre communauté, auxquels vous pouvez accéder en ligne et télécharger les informations relatives à votre événement de collecte de fonds.

N'oubliez pas de contacter les chaînes de télévision, les journaux et les stations de radio locaux.

La préparation et l'envoi d'un communiqué de presse est un moyen extrêmement efficace d'informer les médias de votre événement.

Si vous n'êtes pas familier avec la rédaction d'un communiqué de presse, vous avez quelques options à votre disposition :

#1. Demandez à votre équipe de bénévoles s'ils ont des compétences dans ce domaine (ou s'ils connaissent quelqu'un qui pourrait vous aider).

#2. Demandez si l'un des parents a des compétences dans ce domaine. Cela peut se faire par le biais d'un bulletin d'information, d'une publication sur le site web de l'école ou de l'équipe, ou lors d'un événement scolaire auquel les parents assistent, comme l'assemblée hebdomadaire ou un match.

#3. Recherchez des modèles en ligne. Des modèles gratuits et payants sont disponibles en ligne. Faites une recherche et vous serez en mesure de trouver la meilleure option pour répondre à vos besoins.

#4. Engagez un professionnel (vous pouvez peut-être troquer ses services ou lui offrir de la publicité lors de votre événement. Ou demandez-lui si son entreprise peut rédiger un communiqué de presse à titre gracieux.

N'OUBLIEZ PAS DE...

PERMISSIONS - PLANIFICATION AVANT L'ÉVÉNEMENT

Je ne saurais trop vous recommander de vérifier auprès de votre conseil municipal, de votre ville, de votre État, de votre province ou de tout autre organisme municipal que vous disposez de toutes les informations, autorisations, licences, etc. nécessaires avant de fixer la date de votre manifestation.

Il se peut que vous deviez faire une demande pour organiser un événement public dans un lieu public, ou pour obtenir des licences spéciales (manipulation de nourriture, alcool, etc.), et que vous ayez besoin d'une assurance supplémentaire. Ce ne sont là que quelques-unes des autorisations dont vous pourriez avoir besoin, et il est préférable de savoir à quoi vous avez affaire avant de vous engager trop avant dans l'organisation de votre événement.

Si vous ne respectez pas les règles, deux choses peuvent se produire :

#1. Vous recevez une amende.

#2. Vous devez annuler votre événement.

Dans ce cas, il vous sera peut-être impossible d'obtenir l'autorisation d'organiser à nouveau votre manifestation à l'avenir.

Il est particulièrement important que vous entreteniez une correspondance régulière et un contact avec votre conseil local. Conservez d'excellents dossiers. Assurez-vous d'avoir mis les points sur les i et les barres sur les t avant de mettre votre projet à exécution - et vous n'aurez plus à vous en soucier.

Il n'y a rien de pire que d'avoir fait la promotion de votre événement, vendu des billets, obtenu des sponsors et des dons, et de devoir ensuite l'annuler. Déclarer des OOP après coup ne vous apportera aucune crédibilité, ni à vous ni à votre cause.

« Si vous voulez aller vite, allez-y seul. Si vous voulez aller loin, allez-y avec d'autres. »
Proverbe africain

JE ME DÉBROUILLE AVEC UN PEU D'AIDE...

Votre équipe de bénévoles

Que vous ayez été élu au poste de coordinateur de la collecte de fonds ou qu'on vous l'ait imposé (parce que personne d'autre n'a levé la main), cela n'a pas vraiment d'importance. Vous aurez besoin d'une solide équipe de bénévoles, dont la plupart n'ont probablement pas voulu assumer ce rôle eux-mêmes. Cela jouera en votre faveur, car ils feront preuve d'empathie et vous soutiendront encore davantage.

Choisissez judicieusement

Les bénévoles sont essentiels à la réussite de la collecte de fonds. Il est important de faire en sorte que chacun se sente bienvenu et utile, et de pouvoir déléguer des tâches. Il est également important que vos bénévoles choisissent de travailler sur un domaine du projet pour lequel ils estiment avoir le plus de compétences et d'intérêt.

"There is no "I" in team, but we sure are glad

there is a "U" in volunteers."

Auteur inconnu

TEMPS DE L'ÉQUIPE

Une fois que vous avez constitué un groupe de bénévoles, vous devez vérifier leur temps et leur disponibilité, et un moyen efficace d'y parvenir consiste à organiser des réunions régulières. La communication est essentielle et chacun aura quelque chose d'unique et d'individuel à offrir.

Une fois l'équipe en place, vous devez travailler ensemble et créer un environnement dans lequel chacun voudra proposer des idées et acceptera d'y consacrer le temps nécessaire.

UNE VUE D'ENSEMBLE

FIXER DES OBJECTIFS ENSEMBLE

Fixez des objectifs communs pour motiver vos bénévoles.

Encouragez les bénévoles les plus expérimentés de votre groupe à transmettre leurs connaissances aux nouveaux bénévoles.

Inspirez les nouveaux bénévoles à proposer des idées de leur point de vue ; parfois, les nouveaux bénévoles sont ceux qui sont le mieux à même de sortir des sentiers battus.

Comme je l'ai mentionné précédemment, la plupart des rôles clés seront élus pour un mandat d'une durée d'un an :

S'INTÉGRER

- TRÉSORIER

- SECRÉTAIRE

- COORDINATEUR DE LA COLLECTE DE FONDS

- COORDINATEUR AUXILIAIRE DE LA COLLECTE DE FONDS

- COORDINATEURS DES DEMANDES DE SUBVENTION (2)

- COORDINATEUR DES BÉNÉVOLES ET FORMATEUR

- COORDINATEUR DU MATÉRIEL DE MARKETING/DE LA PUBLICITÉ.

RÉPONSABLE À

La collecte de fonds sera l'une des fonctions du comité et, en tant qu'équipe, vous rendrez probablement compte au président et au vice-président du comité, ainsi qu'aux membres clés de l'école ou de l'équipe de votre enfant.

Pour assurer le succès de votre équipe de collecte de fonds et de vos événements, il est essentiel que vous informiez vos interlocuteurs des progrès réalisés et des objectifs fixés.

Des réunions régulières du comité vous permettront, en tant que coordinateur de la collecte de fonds, de les informer, de les enthousiasmer pour les événements à venir et, surtout, de les faire participer à l'aide et au soutien de l'événement.

C'est également par ce biais que vous ferez approuver votre budget annuel.

LEADERSHIP

"La gentillesse, comme un boomerang, revient toujours."
Auteur inconnu
"Chaque action de notre vie touche une corde sensible
qui vibrera dans l'éternité."
Edwin Hubbell Chapin

DIRIGER LES RÉUNIONS

L orsque vous organisez des réunions pour votre équipe de collecte de fonds, n'oubliez pas que vos bénévoles prennent du temps loin de leur famille (comme vous) pour vous aider.

Veillez à ce que ce temps soit bien planifié et respectez l'ordre du jour.

Envoyez ou affichez un ordre du jour avant la réunion.

Prévoyez des biscuits, des gâteaux, de l'eau, du thé et du café pour les rafraîchissements. Lors d'occasions spéciales, une bouteille de champagne peut même être offerte pour célébrer une réussite collective.

Invitez tout le monde à participer et faites en sorte que l'environnement soit sûr et que chacun se sente libre de faire part de ses suggestions et de ses opinions.

Encouragez la participation, mais n'oubliez pas de prendre le contrôle de la situation - de diriger - et de veiller à ce que tout le monde reste sur la bonne voie. En respectant le temps imparti, les bénévoles seront plus enclins à participer aux prochaines réunions.

Si vous dépassez à chaque fois l'horaire prévu parce que des personnes se sont écartées du chemin, la nouvelle se répandra.

Accordez de l'importance au temps de vos bénévoles - et au vôtre.

Amusez-vous, mais respectez le calendrier et les bénévoles seront plus enclins à continuer d'assister aux réunions.

JOUER UN RÔLE

"Les bénévoles le font gratuitement."
Auteur inconnu

FORMATION

Certains bénévoles peuvent se sentir mal à l'aise à l'idée de demander des dons à des entreprises.

Il est toujours utile d'organiser une séance de jeu de rôle avec les bénévoles, en passant en revue le processus.

Une suggestion que vous pouvez essayer est le jeu de rôle. Rendez-le amusant et permettez à chacun de jouer le rôle du propriétaire du magasin et celui du bénévole.

Passez en revue le processus, étape par étape, puis inversez les rôles. Cela mettra en confiance toutes les personnes impliquées et l'inversion des rôles permettra de voir les choses de tous les points de vue.

Vous devez également veiller à ce que la personne chargée de démarcher les entreprises fasse preuve de professionnalisme. Elle doit être élégante et porter des vêtements propres. Après tout, elle représente l'école de votre enfant. Elle doit également être en mesure de prouver que sa demande est légitime.

(Voir l'exemple de lettre dans l'événement de la soirée Trivia).

Il est également important que vos bénévoles comprennent que si l'entreprise refuse, ils ne doivent pas le prendre personnellement ou faire en sorte que le propriétaire se sente mal.

Demander des dons aux entreprises devient de plus en plus facile au fur et à mesure que l'on s'y adonne.

Je vois toujours les choses ainsi : si l'entreprise est en mesure de faire un don, pourquoi ne pas le faire à l'école ou à l'équipe de votre enfant ?

INTÉRÊTS

Domaines d'expertise et d'intérêt

Veillez à dédier des domaines à chacun des bénévoles et à ce qu'ils connaissent leur domaine et leurs limites.

Rien n'est plus embarrassant (et ennuyeux pour le propriétaire du magasin) que de voir deux ou trois bénévoles de la même école ou de la même équipe approcher l'un après l'autre son commerce pour lui demander des dons.

Ce n'est pas très professionnel.

Si cela se produit, assurez-vous que votre bénévole est prêt à s'excuser et à remercier le propriétaire du commerce pour le temps qu'il lui a consacré.

"Personne ne peut tout faire,
mais tout le monde peut faire quelque chose."
Auteur inconnu

QU'EST-CE QUE J'Y GAGNE ?

CE QUI MARCHE...

1. Abordez l'entreprise. Présentez-vous (à un moment où le propriétaire n'est pas occupé avec d'autres clients. S'il est occupé, revenez ou attendez votre tour). Donnez-lui le nom de votre école (ou de votre équipe) et donnez-lui une lettre signée du directeur ou de l'entraîneur.

2. Expliquez votre événement, la date, les objectifs de collecte de fonds (qui devraient également être expliqués dans la lettre) et demandez un don pour un prix, une vente aux enchères silencieuse, etc.

CE QU'ILS EN RETIRENT

Expliquez-leur d'emblée en quoi l'événement sera bénéfique pour leur entreprise.

Par exemple :

*Leur entreprise sera mentionnée dans le programme qui sera distribué lors de l'événement.

*Leur entreprise sera annoncée pendant l'événement par le maître de cérémonie.

*Leur entreprise sera mentionnée sur les promotions des médias sociaux.

*Le logo de leur entreprise figurera sur les affiches de l'événement.

*Le nom de leur entreprise, son emplacement et son numéro de téléphone seront inscrits sur un napperon à chacune des tables de l'événement.

3. Informez le propriétaire de l'entreprise que vous reviendrez plus tard dans la semaine (nommez le jour) pour voir s'il a quelque chose à donner.

Ainsi, il ne se sentira pas obligé de prendre une décision sur-le-champ. Certains ont besoin de vérifier le budget ou les stocks, d'autres doivent consulter un partenaire.

N'oubliez pas de noter la date à laquelle vous avez dit que vous reviendriez - et que vous reviendrez.

APPROCHER LES ENTREPRISES

4. Recueillez le don. Remerciez-les. Notez ce qui a été donné.

CONSEIL CLÉ N° 1
Dites à toutes les entreprises que vous reviendrez le même jour. Ne donnez pas d'heure précise.

CONSEIL CLÉ N° 2
Demandez une carte de visite et joignez-la à l'objet. Si vous recueillez beaucoup de dons, vous devez vous assurer que le remerciement est attribué à la bonne entreprise.

Si la personne à qui vous avez parlé n'est pas là ou n'a rien de prêt, elle vous demandera peut-être de revenir un autre jour.

Choisissez un jour et revenez pour tout autre don ce jour-là. Reportez-vous au conseil clé n° 1. Planifiez toutes les visites le même jour.

Remarque : il faut parfois revenir plusieurs fois pour obtenir des dons. N'oubliez pas que vous n'êtes pas la seule école ou équipe à demander de l'aide.

Gardez cela à l'esprit et soyez patient et compréhensif avec l'entreprise.

L'INATTENDU

Si l'inattendu se produit - un objet destiné à votre école est accidentellement donné à une autre - assurez-vous que le propriétaire du commerce garde une bonne impression de vous et de l'école ou de l'équipe de votre enfant en étant poli et en le remerciant.

Si vous recevez un don, assurez-vous de faire un suivi après l'événement avec un certificat de remerciement. Dites-leur combien d'argent vous avez récolté. Remerciez-les encore une fois personnellement.

CONSEIL CLÉ N° 3

On ne peut jamais dire merci trop souvent.

RESPECT

L a collecte de fonds pour les écoles et les équipes est très compétitive.

Veillez à ce que le propriétaire de l'entreprise se sente bien, de sorte que lorsque quelqu'un viendra l'année prochaine à votre place, il ou elle s'en souviendra.

5. Si le propriétaire de l'entreprise dit qu'il ne peut pas vous aider cette année, ne le faites pas se sentir mal.

Les chefs d'entreprise ne peuvent pas soutenir toutes les écoles ou équipes qui leur demandent de l'aide. N'oubliez pas que les propriétaires d'entreprise ont également des fils et des filles qui fréquentent les écoles locales et jouent dans des équipes locales. Inutile de dire qu'ils ne peuvent pas soutenir toutes les causes.

Remerciez-les et dites-leur que vous reviendrez l'année prochaine si cela leur convient.

Serrez-leur la main et partez en laissant toujours une bonne impression.

DEMANDER DE L'AIDE

BÉNÉVOLES

Réunion des parents

Si votre école organise une réunion parents-enseignants (ou votre équipe), c'est le meilleur endroit pour trouver des parents qui souhaitent s'impliquer. En général, les personnes qui assistent à ces réunions cherchent des moyens d'utiliser leurs compétences pour aider leurs enfants.

Vous avez peut-être eu des conversations avec d'autres parents qui vous ont dit qu'il était hors de question qu'ils participent à l'assemblée annuelle, parce qu'ils n'avaient pas le temps de jouer un rôle quelconque.

La plupart des parents n'ont pas le temps, mais quelqu'un doit s'impliquer. Il est moins effrayant de se lancer lorsque l'on est entouré d'une bonne équipe de bénévoles.

Si vous n'êtes intéressé que par la collecte de fonds - et non par les principales fonctions du comité - alors, si vous êtes nommé, vous pouvez vous affilier au sous-comité de bénévoles approprié.

Le comité clé, tel qu'il a été discuté, comprendrait principalement les éléments suivants

1. Un leader (président)

2. Un co-responsable (vice-président)
3. Un trésorier
4. Un secrétaire
5. Un coordinateur de la collecte de fonds

Une fois ces postes désignés, une sous-commission chargée de la collecte de fonds peut être mise en place avec une équipe de bénévoles volontaires.

PLUS DE LEADERSHIP

RÉUNIONS DE COLLECTE DE FONDS
Lors de votre première réunion de collecte de fonds, demandez au directeur de l'école ou à l'entraîneur de venir avec une liste d'objectifs de collecte de fonds qu'ils souhaitent atteindre au cours de l'année. Ce point a été mentionné précédemment, mais la manière de l'intégrer dans une réunion spécifique ne l'a pas été.

Une fois la liste présentée, rencontrez votre groupe de collecte de fonds et réfléchissez à des idées sur la manière d'atteindre ces objectifs.

Lors de la deuxième réunion, demandez au directeur de l'école ou à l'entraîneur d'être présent. Présentez les idées de votre équipe et vos prévisions. S'il n'est pas possible d'atteindre les objectifs fixés, modifiez-les. Ajustez-les en conséquence. Élaborez ensuite un plan approximatif.

Maintenant que vous avez mis en place les grandes lignes d'un plan de collecte de fonds, vous devez planifier le quand et le où. Vous devez également définir le comment, c'est-à-dire le nombre de bénévoles supplémentaires dont vous aurez besoin. Vous devez ensuite inclure dans le bulletin d'information de l'école ou de l'équipe votre plan de collecte de fonds et demander de l'aide. C'est le moment idéal pour vendre votre plan, faire savoir à chacun comment il peut vous aider et commencer à promouvoir votre premier événement.

Il serait bon de ne pas organiser plus d'une ou deux grandes collectes de fonds par an.

CONSEIL CLÉ N° 4
Ne mettez pas tous vos œufs dans le même panier.

Ces deux événements majeurs seront les collectes de fonds à partir desquelles vous recueillerez la majorité de vos fonds.

Par conséquent, ces deux événements doivent être couronnés de succès.

Ce sont les plus coûteux en termes de temps et ceux qui nécessitent le plus d'investissement financier avant l'événement.

SÉLECTION D'UN LIEU

Avant de réserver votre lieu de réunion, assurez-vous de vous y rendre en personne pour vérifier que l'espace convient.

Munissez-vous d'un stylo et d'une feuille de papier et dessinez le plan de votre événement.

Combien de tables pourront être installées ? Vous saurez alors combien de billets vous pouvez vendre et combien d'équipes il vous faudra pour faire salle comble.

Assurez-vous qu'il y a de la place à l'entrée pour les tables, de nombreuses prises électriques, un éclairage approprié, une cuisine (si nécessaire), de la place pour installer la vente aux enchères silencieuse et exposer les prix.

Si vous avez la possibilité de travailler en réseau avec une autre école et de louer son auditorium à bas prix (ou gratuitement), vous gagnerez du temps et vous vous épargnerez des maux de tête à long terme en planifiant l'événement à l'avance.

Tout est question de budget. Si vous pouvez économiser de l'argent sur le lieu de la manifestation, cela vous permettra de réduire vos frais généraux.

PLANIFIEZ À L'AVANCE

Une fois le lieu choisi, RÉSERVEZ-LE.

CONFIRMEZ LA DATE.

BLOQUEZ-LA.

Veillez à ce que les parents soient informés de ces événements longtemps à l'avance afin qu'ils inscrivent la date dans leur agenda.

Lancez la machine, c'est-à-dire faites de la publicité pour votre événement, sur tous les supports, afin de vous assurer que personne d'autre dans votre région ne choisira la même date que vous.

Si les deux événements sont couronnés de succès, inscrivez-les l'année suivante à la même date.

Même si l'événement ne rapporte pas autant d'argent que vous l'espériez la première fois, ne vous avouez pas vaincu tout de suite. Tirez les leçons de vos erreurs et améliorez la situation la prochaine fois. Certains événements requièrent une certaine dynamique.

"Vous n'abandonnez jamais. Vous accomplissez une tâche au mieux de vos capacités et même au-delà."
Debbie Reynolds

ÉVÉNEMENTS

ÉVÉNEMENTS SECONDAIRES

Choisissez d'autres événements dans la liste des 103 événements de collecte de fonds. Chacune d'entre elles rapportera de l'argent - certaines pourraient même vous surprendre par leur ampleur.

Gardez à l'esprit le temps précieux que vous demanderez à vos bénévoles et ne leur en demandez pas trop. N'oubliez pas que les bénévoles ont aussi une famille et des engagements. Vous ne voulez pas qu'ils en fassent trop.

Veillez à ce que votre équipe centrale ne devienne pas élitiste. Précisez toujours que tout le monde est le bienvenu. Encouragez les gens à assister à vos réunions et à faire des suggestions. Faites en sorte que les gens aient facilement envie d'aider et de s'impliquer.

S'AMUSER

Rendez le bénévolat amusant à chaque événement.

"Agissez comme si ce que vous faites faisait une différence.
C'est le cas."
William James

JOURNÉE D'APPRÉCIATION DES BÉNÉVOLES

"Les bénévoles sont l'amour en mouvement !

Auteur inconnu

Qui doit organiser une journée d'appréciation des bénévoles ?

Certains disent que c'est à l'école de le faire. D'autres disent que c'est l'équipe qui doit le faire. Et si ce n'est pas le cas ?

CONSEIL CLÉ N° 5
Prévoyez toujours une journée d'appréciation des bénévoles.

Si votre école ou votre équipe prévoit un événement, vos bénévoles auront droit à deux célébrations en leur honneur. Ce qu'ils méritent.

QU'EST-CE QU'UNE JOURNÉE D'APPRÉCIATION DES BÉNÉVOLES ?

C'est l'occasion pour les bénévoles de s'asseoir et de se détendre pendant qu'ils sont choyés et remerciés.

Il est bon de leur offrir un remerciement physique sous la forme d'une lettre ou de quelque chose de plus symbolique comme un ruban. Les enfants pourraient peut-être fabriquer quelque chose pour eux ? Ou leur chanter une chanson ?

REMERCIEMENTS INDIVIDUELS.

Demandez au directeur ou à l'entraîneur de remercier personnellement tous les bénévoles. Une poignée de main ou un remerciement personnel signifiera beaucoup pour vos bénévoles.

CONSEIL CLÉ N° 6
En tant que responsable de comité, vous devez remercier vos bénévoles en permanence. Chaque jour.

"Si vous devenez une aide pour les cœurs, des sources de sagesse jailliront de votre corps,
des sources de sagesse jailliront de votre cœur."
Rumi

VISION

PLANIFIER PLANIFIER PLANIFIER

L orsque vous organisez une manifestation de collecte de fonds (en particulier une grande manifestation), vous devez établir un programme pour la manifestation et trouver une personne pour chaque tâche.

Qui s'occupera de l'installation et de la décoration de la salle à l'avance ?

Qui accueillera les gens à la porte ?

Qui vendra les billets ?

Qui s'occupera des tirages au sort ? La vente aux enchères ? Les enchères silencieuses ?

Passez tout en revue et prévoyez une heure et un (ou deux) bénévole(s) pour s'occuper de tout ce que vous savez devoir se produire. Si vous avez besoin de bénévoles supplémentaires, c'est le meilleur moment pour les solliciter au lieu de vous précipiter au dernier moment.

La planification et le suivi seront essentiels pour motiver et inspirer votre équipe.

N'oubliez jamais qu'ils vous soutiennent (et assurez-vous que vous les soutenez).

"Seuls, nous ne pouvons pas faire grand-chose, mais ensemble, nous pouvons faire beaucoup."
Helen Keller

S'IMPLIQUER

Enfants, élèves plus âgés et participation

Il n'y a rien de mieux pour votre enfant que de voir ses parents s'impliquer en faisant du bénévolat dans son école ou son équipe.

C'est vrai, les enfants apprennent ce qu'ils voient. Peut-être que votre participation les incitera un jour à s'impliquer dans l'école ou l'équipe de leur propre enfant.

CONSEIL CLÉ N° 7.

Tout le monde aime qu'on lui demande.

Et on ne sait jamais tant qu'on ne l'a pas fait.

Demandez donc aux parents de vous aider. De toutes les manières possibles.

Cela peut également se faire par le biais d'événements non liés à la collecte de fonds pour les parents qui souhaitent aider les enseignants ou s'impliquer dans les programmes avant, pendant ou après l'école.

Lorsque les enfants voient que vous prenez le temps de vous porter volontaire pour aider leur école ou leur équipe, il est plus que probable qu'à l'âge adulte, ils le fassent également.

Vous donnez toujours l'exemple à vos enfants.

Vous avez des compétences uniques, que vous êtes le seul à pouvoir mettre à profit.

N'hésitez pas à demander s'il y a d'autres façons d'aider.

"Nous ne pouvons pas toujours construire l'avenir de nos jeunes,

mais nous pouvons construire l'avenir de nos jeunes."

F. D. Roosevelt

ÉTUDIANTS

Étudiants bénévoles

Si les enfants de votre équipe ou de votre école sont suffisamment âgés, ils peuvent être d'excellents compléments à votre équipe de bénévoles.

Assurez-vous qu'ils reçoivent une formation et qu'ils comprennent la tâche et les procédures. Il pourrait également être innovant de mettre en place un système de mentorat entre un bénévole expérimenté et un étudiant.

Travailler ensemble avec les mêmes objectifs créera une communauté encore plus forte pour toutes les personnes impliquées.

AVANT LA RÉUNION

RÉUNIONS PRÉALABLES À L'ÉVÉNEMENT

"Nous ne pouvons pas vivre uniquement pour nous-mêmes.
Mille fibres nous relient à nos semblables."
Herman Melville

Une fois que vous aurez constitué votre équipe et planifié vos activités de collecte de fonds, vous voudrez créer des sous-comités.

Si vous prévoyez deux événements majeurs, tout le monde devrait y participer, c'est-à-dire que tout le monde devrait être sur le pont.

Les sous-comités peuvent se concentrer sur les événements plus modestes et s'assurer qu'un plan est en place. Ils peuvent également assister aux réunions pour discuter des besoins et des progrès.

En tant que coordinateur de la collecte de fonds, vous dirigerez le plan et serez impliqué dans chaque comité. Utilisez votre plan de collecte de fonds comme ligne directrice pour vos réunions.

Demandez aux responsables de chaque branche de votre équipe de bénévoles de présenter un rapport d'avancement sur chacun des domaines dont ils sont responsables.

Des réunions régulières permettront à chacun de rester sur la bonne voie et vous aideront à atteindre les objectifs financiers de l'école ou de l'équipe.

Fixez des points de référence et travaillez en équipe pour les atteindre. Le fait de travailler ensemble permettra à chacun de rester motivé et enthousiaste à l'égard du projet.

N'ayez pas peur de changer de vitesse si vous constatez que quelque chose ne fonctionne pas.

Conservez d'excellents dossiers, ils seront d'une valeur inestimable pour toute référence ultérieure.

ÉQUIPES

LE LEADERSHIP

*"Le volontariat est l'exercice ultime de la démocratie.
Lorsque vous vous portez volontaire,
vous votez chaque jour pour le type de communauté
dans laquelle vous voulez vivre ».*

AUTEUR INCONNU

Que vous soyez président de la collecte de fonds, responsable d'un comité ou simplement un parent qui a levé la main pour mener une campagne de collecte de fonds pour une école ou une équipe, vous mènerez la barque.

La chose la plus importante à retenir est que vous n'êtes pas seul.

Si vous êtes du genre à prendre les choses en main, à aimer diriger, c'est très bien. Gardez à l'esprit le temps nécessaire et n'ayez pas peur de demander de l'aide.

Cela empiétera sur votre temps en famille et avec vos amis, et nécessitera toute votre attention à des moments où l'on pourrait avoir besoin de vous ailleurs.

Dans ce cas, vous avez besoin d'une bonne équipe dévouée, de personnes sur lesquelles vous pouvez compter et à qui vous pouvez déléguer des tâches.

Cela vaut la peine de le répéter :

Vous n'êtes pas seul.

RÉUNIONS

UN PLAN

S i vous élaborez un plan et un calendrier et que vous organisez des réunions régulières, vous pourrez suivre l'évolution de la situation et, en cas de problème, vous pourrez en discuter et orienter votre équipe dans une autre direction si nécessaire.

Modifiez et mettez constamment à jour votre plan et votre calendrier, car il s'agit de documents évolutifs. Veillez à ce que chacun sache clairement en quoi consiste son travail, quand il est censé l'accomplir et, surtout, assurez-vous qu'il dispose de la formation et des outils adéquats pour être en mesure de faire ce qu'il a à faire.

Comme nous l'avons vu précédemment, vous pouvez organiser une première réunion avec votre école ou votre équipe pour discuter des besoins en matière de collecte de fonds pour l'année à venir.

Ensuite, en tant que chef d'équipe, vous pouvez réfléchir avec vos membres et décider des activités de collecte de fonds que vous allez entreprendre pour atteindre les objectifs et veiller à ce que les enfants aient tout ce dont ils ont besoin.

Les réunions mensuelles conviendront au début, mais à mesure que vous vous rapprocherez de l'événement, vous souhaiterez peut-être passer à des réunions hebdomadaires. À l'approche du jour J, des réunions quotidiennes peuvent s'avérer nécessaires.

Il est important de maintenir le moral de chacun et d'aborder les problèmes au fur et à mesure qu'ils se présentent.

CONSEIL CLÉ N° 8
Grâce au courrier électronique et aux lieux de rencontre sur Internet, vous pouvez facilement gérer toutes vos réunions,
même quotidiennes, que ce soit en groupe ou en direct.
Lorsque le temps passe, vous appréciez d'autant plus ces merveilleux moyens de communication sociale.

KUDOS!

Volontaires

« Il est merveilleux que personne ne doive attendre un seul instant avant de commencer à améliorer le monde. "
Anne Frank

D ès votre première rencontre, faites comprendre à vos bénévoles potentiels que vous dirigez un navire où les idées de chacun sont entendues et appréciées.

Encouragez chacun à se mettre en avant.

N'ayez pas peur de déléguer.

Ou de demander de l'aide si nécessaire.

Les procès-verbaux de toutes les réunions sont importants.

Veillez toujours à ce que quelqu'un en prenne note et à ce que tous les participants en reçoivent une copie dès la fin de la réunion. Envoyez une copie à la personne qui représente l'école et l'équipe à votre réunion de comité pour vous assurer qu'elle est tenue au courant.

C'est la clé pour que toutes les activités de collecte de fonds (et les bénévoles) restent sur la bonne voie.

Remerciez votre équipe !

(Oui, je l'ai déjà dit, mais cela vaut la peine de le répéter !)

N'oubliez pas de féliciter et de remercier votre équipe pour tout le temps qu'elle consacre à atteindre les objectifs de l'école ou de l'équipe.

À la fin de l'événement, appelez toujours votre équipe sur la scène.

Présentez-les un par un, en les félicitant pour leur contribution.

Demandez-leur également de s'incliner. Vous pouvez être côte à côte pour l'ovation bien méritée.

LE TABLEAU D'ENSEMBLE

SUBVENTIONS, PROPOSITIONS, AUTRES FONDS

D'autres sources de financement peuvent être disponibles au sein de votre communauté par l'intermédiaire de votre conseil local ou régional, de fondations, de fiducies et d'entreprises.

Pour être en mesure de les solliciter, vous devez vous appuyer sur votre communauté.

Équipe spécialisée

Pour vous assurer que votre école ou votre équipe ne passe pas à côté d'un financement potentiel, vous souhaiterez peut-être constituer une équipe spécialisée de bénévoles pour travailler sur ce projet spécifique.

La lecture et le suivi des lignes directrices relatives aux subventions requièrent du temps et une attention particulière aux détails.

En confiant ce rôle à un ou deux bénévoles, vous aurez plus de chances de vous assurer que votre école/équipe répond à toutes les exigences nécessaires et respecte les règles d'attribution des subventions de chacune des organisations.

Votre équipe doit se présenter aux réunions régulières de préparation de l'événement et informer tout le monde.

C'est également le moment de demander de l'aide si elle a besoin de l'assistance des directeurs/entraîneurs et/ou de bénévoles supplémentaires pour remplir ses fonctions.

Règles, lignes directrices et critères d'inscription

Tout d'abord, assurez-vous que votre équipe vérifie que votre école ou votre équipe peut prétendre à la subvention. Si votre équipe n'est pas sûre, encouragez-la à téléphoner. En s'informant à l'avance, elle s'épargnera non seulement beaucoup de temps et d'ennuis, mais elle montrera également qu'elle respecte le temps et les objectifs de l'organisation avec laquelle vous êtes susceptible d'établir un partenariat. Dans certains cas, il se peut que vous ne puissiez pas prétendre à la subvention que vous envisagiez d'obtenir ; l'organisation pourra alors réorienter vos efforts vers quelque chose de plus approprié.

Pour bon nombre de ces demandes, vous devrez présenter une demande chaque année. Certaines années, votre demande sera acceptée, d'autres non. Cependant, vous devez toujours déposer une candidature et espérer que tout ira pour le mieux.

Certaines organisations (si vous avez de la chance) peuvent même prendre contact avec votre organisation et vous inviter à envoyer une candidature. Cela signifie que le travail que vous faites est connu. Les relations avec l'une ou l'autre de ces organisations peuvent s'avérer inestimables. Tissez des liens avec eux, apprenez à les connaître et faites-leur connaître votre organisation et ce que vous faites pour la communauté.

Vérifiez que vous disposez de la dernière version du formulaire de candidature.

Remplissez le formulaire dans son intégralité et assurez-vous de l'avoir reçu avant la date limite. La dernière minute n'est jamais la bonne lorsque vous devez remplir une demande de fonds qui peut s'avérer complexe dans un environnement extrêmement compétitif.

Faites en sorte que votre école/équipe se démarque. Dites ce que vous avez d'unique et pourquoi. Expliquez brièvement comment votre école/équipe a vu le jour, qui vous aidez et comment vous les aidez au sein de la communauté. Donnez-leur envie d'investir dans votre école ou votre équipe.

Veillez à respecter les règles et à fournir toutes les informations demandées. Le fait de ne pas répondre à une question signifie que votre candidature est rejetée. Respectez la procédure - assurez-vous d'avoir répondu à toutes les questions.

Dites-leur pourquoi vous avez besoin d'argent. À quoi servira l'argent. Expliquez pourquoi le financement est nécessaire et comment il améliorera les choses pour les enfants de votre école ou de votre équipe.

Ayez un plan pour votre projet avec des informations solides en place. Dans cette entreprise hautement compétitive, avoir une vision sera la clé de votre succès.

Lorsque vous demandez de l'argent pour un certain projet, vous devez avoir une somme en tête. Le fait d'inclure une liste détaillée des éléments dont vous aurez besoin témoignera de votre engagement. Un budget, comprenant l'argent que votre groupe a l'intention d'investir et/ou d'autres fonds et la manière dont vous allez les obtenir, ainsi que la manière dont vous avez étudié et prévu votre budget.

Assurez-vous que le directeur ou l'entraîneur voit et approuve la demande avant de l'envoyer à l'organisation. Joignez une lettre à la demande pour remercier l'organisation de vous avoir donné l'occasion de lui parler de votre école/équipe.

Si vous obtenez le financement, c'est génial. Veillez à respecter toutes les exigences obligatoires et à remercier l'organisation d'avoir choisi d'aider votre école/équipe.

Invitez un représentant de l'organisation à votre journée annuelle d'appréciation des bénévoles afin qu'il puisse rencontrer et se mêler à tous vos formidables bénévoles.

Remerciez publiquement l'organisation par tous les moyens possibles.

Remettez-lui un certificat d'appréciation pour son aide.

Donnez-leur l'impression qu'ils font partie de votre équipe (car c'est le cas !).

Ces mesures peuvent permettre à votre organisation de se démarquer et contribueront, nous l'espérons, à l'établissement d'un partenariat solide qui durera dans le temps.

SITE WEB DE L'ÉCOLE OU DE L'ÉQUIPE

La collecte de fonds devrait faire partie du menu du site web de l'école ou de l'équipe. Il n'est pas conseillé de créer quelque chose de séparé, car cela pourrait être très coûteux et difficile à maintenir. Étant donné que vous collectez des fonds pour les besoins et les exigences de votre école, cela irait certainement à l'encontre du but recherché.

Vous pouvez toutefois créer gratuitement votre propre site web sur de nombreuses plateformes. Cependant, la maintenance et les mises à jour exigeraient un engagement important de la part de vos bénévoles. En plus du temps à consacrer, vous devrez peut-être former des bénévoles.

L'utilisation des médias sociaux pourrait être la meilleure plateforme pour vous. Consultez le chapitre sur la publicité et les médias sociaux pour plus d'informations.

RÈGLES

L'ARGENT

Avant de commencer à collecter des fonds pour votre école ou votre équipe, vous devez être parfaitement informé des règles de l'école (ou de l'équipe) et des règles provinciales et fédérales concernant la gestion des fonds et l'endroit où ils doivent être déposés. Il en va de votre protection comme de celle des personnes pour lesquelles vous collectez des fonds. Si l'école ou l'équipe n'a pas mis en place de politiques, il faut le signaler au directeur et/ou à l'entraîneur et mettre en place un système avant le début de la collecte de fonds.

L'école doit avoir mis en place
des procédures de gestion de l'argent liquide
des procédures de comptabilité
Procédures de dépôt de fonds
des procédures pour le trésorier

Procédures relatives à l'ouverture d'un compte bancaire dans le cadre d'une collecte de fonds (ouverture d'un compte, s'il n'existe pas déjà, dans le but spécifique d'effectuer des dépôts pour une collecte de fonds)

- Procédures de signature du compte bancaire

- Procédures d'audit de routine

- Procédures de déclaration des fonds

- Procédures relatives aux flux de trésorerie

- Chèques/Copies de chèques Procédures d'encaissement et de suivi

- Remise de reçus lors d'événements et après ceux-ci

- Procédures de stockage des bénéfices de la collecte de fonds après l'événement (coffre de dépôt fermé à clé)

- Assurance/couverture pour la protection de la collecte de fonds

En plus de la liste ci-dessus, votre pays ou votre province/état peut avoir des lois spécifiques concernant le montant maximum que vous pouvez consacrer aux dépenses liées à la collecte de fonds. La liste incluse vous conseille sur la manière de maintenir vos frais généraux à un niveau bas, mais si vous connaissez la loi et que vous pouvez la respecter dès le départ, vos efforts seront réalistes et vos bénéfices seront en adéquation avec les montants réels que vous pourrez collecter.

Exemple : si, au cours de l'année 1, vous ne connaissez pas le plafond maximum et que vous consacrez 50 % de votre événement aux dépenses.

La manifestation est réussie et les bénéfices sont satisfaisants, mais si la loi vous autorise à ne consacrer que 15 % aux dépenses liées à la collecte de fonds, il vous sera difficile de vous serrer la ceinture et d'organiser une manifestation similaire avec un budget aussi réduit.

En particulier après la première collecte de fonds, vos invités auront des attentes élevées.

Il est essentiel de connaître les lois et les politiques à l'avance et de répondre à toutes leurs exigences.

Il est également essentiel de se renseigner sur la fiscalité, y compris sur les reçus, avant de commencer la collecte de fonds.

Servir de l'alcool

Pour certains des événements de cette liste, il est suggéré de servir de l'alcool. Il vous appartient, en tant que collecteur de fonds, de vous assurer que cette suggestion convient à votre équipe ou à votre école. Il vous incombe également de vous assurer que vous respectez toutes les lois locales, provinciales/étatiques et fédérales.

Dans tous les cas, si de l'alcool est consommé, veillez à ce qu'il y ait une campagne « Ne buvez pas et conduisez » et une campagne « Conducteur désigné ». De plus, il serait bon qu'une compagnie de taxis locale soit disponible après l'événement si ses services sont requis.

Aucun événement ne veut se terminer en tragédie. L'organisation de votre événement implique que vos invités soient en sécurité et qu'ils se rendent à l'événement et en repartent en toute sécurité.

LOCAUX

Lorsque vous choisissez un lieu pour votre événement, il se peut que vous ayez des exigences spécifiques à respecter, en fonction de la nature de l'événement. En voici quelques exemples :

INSTALLATIONS

- Accessible en fauteuil roulant

- Garde d'enfants

- Transport

- Exigences diététiques

- Multi-langues/traduction

Pour n'en citer que quelques-uns. Vous connaissez votre école/équipe, alors si vous avez quelque chose à ajouter à cette liste qui vous est propre, n'hésitez pas à l'aborder et à chercher comment vous pouvez le résoudre avant de conclure un accord sur les locaux. Cela peut faire toute la différence.

PARRAINAGES

Disposer de différents niveaux de parrainage peut s'avérer très utile si vous organisez un événement de grande envergure. Il s'agit en fait de répartir les sponsors par paliers. Voici un exemple de fonctionnement :

PARRAIN D'OR

Il s'agit de votre sponsor principal, qui fera le montant le plus élevé en dons, mais qui peut également faire des dons ou vous aider avec une variété d'autres compétences nécessaires telles que la promotion, les dons physiques, etc. Les entreprises de ce niveau peuvent également avoir mis en place un programme permettant à leurs employés de donner de leur temps à votre école/équipe ou à des événements en tant que bénévoles.

En retour, votre sponsor en or sera mis en avant dans toutes les publicités de votre événement. Vous pourriez par exemple inclure son logo sur les billets, votre site web, les médias sociaux et vous feriez également sa promotion le soir de l'événement. Élaborez un plan avec votre sponsor d'or de manière à ce que vous soyez tous deux gagnants.

Établissez une relation à long terme avec lui et il restera avec vous pendant toute la durée de l'événement. N'oubliez pas d'inviter une table d'invités (5 couples) à votre événement et de demander à un photographe de les prendre en photo. Tweetez la photo et publiez-la sur d'autres médias sociaux.

Faites la promotion de leur entreprise tout au long de la soirée.

Faites un suivi avec un remerciement personnel en personne ou au téléphone, en plus d'un remerciement écrit de la part du principal/entraîneur et d'un certificat de remerciement.

PARRAIN D'ARGENT

Il s'agit de votre deuxième sponsor le plus important, et vous devriez en faire la promotion sur votre site web et le soir de votre événement. Offrez des billets à deux couples pour assister à votre événement, demandez à un photographe de prendre une photo pour le site web et faites la promotion de ces couples pendant l'événement, peut-être dans le cadre d'un match spécifique ou d'un événement supplémentaire. Comme ci-dessus, un remerciement personnel en personne ou au téléphone, ainsi qu'un remerciement écrit de la part du principal/entraîneur et un certificat de remerciement devraient être remis peu après l'événement.

PARRAIN DE BRONZE

Votre troisième sponsor le plus important : faites-en la promotion sur votre site web. Le M.C. peut mentionner leur nom et les remercier avec les autres sponsors et donateurs. Ils devraient recevoir un remerciement écrit de la part du principal/entraîneur et un certificat de remerciement.

TOUS LES AUTRES SPONSORS

Si vous avez prévu un dépliant ou un set de table pour la soirée, incluez les noms et les logos des sponsors Or, Argent et Bronze dans une taille correspondant aux montants donnés. C'est également un bon endroit pour mettre en valeur les autres sponsors qui vous ont aidé.

De nombreuses personnes emportent ces programmes chez elles pour les garder en souvenir. Veillez à ce qu'il soit fait de manière professionnelle et vos sponsors seront très heureux d'en faire partie.

Selfies et photos

« L'appréciation est une chose merveilleuse. Elle fait que ce qui est excellent chez les autres nous appartient aussi. »
Voltaire

Lorsque vous avez des invités à vos événements, vous avez de nombreuses occasions d'accroître la notoriété de votre école ou de votre équipe.

Demandez à vos invités de prendre des selfies et/ou des photos de groupe ou de table. Encouragez-les à s'impliquer et à montrer à tout le monde à quel point ils s'amusent.

Veillez à ce qu'ils demandent l'autorisation avant de publier une photo de quelqu'un d'autre.

Si votre école ou votre équipe dispose de sa propre page Facebook et de son propre compte Twitter, rappelez à vos invités d'utiliser le hashtag sur votre page. De cette façon, vous pourriez même récolter des fonds ou susciter un nouvel intérêt pour votre école ou votre équipe.

TRICHEURS

Si vous organisez une soirée quiz, il y aura toujours un ou deux invités qui essaieront de chercher les réponses.

Rappelez à vos invités qu'il s'agit d'une tricherie et que si vous êtes pris, vous devrez payer une amende dont le montant sera précisé. L'amende sera un don pour votre collecte de fonds.

Étant donné que tout le monde participe à l'événement pour la même raison - collecter des fonds pour votre école ou votre équipe - la meilleure politique consiste à dire d'emblée aux contrevenants qu'ils devront payer une amende pour la cause.

Assurez-vous que votre maître de cérémonie est au courant. Demandez à tout le monde d'être à l'affût des tricheurs. Certains pourraient même tricher volontairement et se faire prendre - juste pour donner plus d'argent !

Modèles

Les modèles que l'on peut trouver en ligne - et gratuitement - sont incroyables.

Faites une recherche sur :

PARRAINAGE D'ENTREPRISE

REMERCIEMENTS AUX ENTREPRISES

DEMANDE DE DONS D'ENTREPRISE.

J'ai inclus un modèle de lettre de demande de dons dans la rubrique Idée de collecte de fonds pour une soirée Trivia.

L'utilisation d'un modèle peut être pratique, mais si vous n'en trouvez pas, un remue-méninges avec votre équipe suffira.

Le timing

On dit que lorsque vous planifiez un événement, le choix du moment est primordial - et c'est effectivement le cas.

Quelle que soit la manifestation réussie et celle qui permet de récolter le plus de fonds, d'autres écoles ou équipes voudront en profiter. En d'autres termes, si votre événement est le dernier d'une série d'autres, vous aurez des difficultés à venir (ou des difficultés potentielles) :

Sponsors et prix

Nous pensons tous que notre équipe ou notre école est la seule, mais lorsque vos bénévoles commencent à demander des dons aux entreprises - si votre événement est le dernier et que 4 ou 5 bénévoles (ou plus) sont venus avant vous pour demander des dons - il y a de fortes chances que l'entreprise soit épuisée.

La plupart des entreprises locales aiment soutenir les écoles et les équipes locales, mais il arrive qu'elles dépassent leurs ressources et que d'autres écoles et équipes empiètent sur votre territoire et s'y installent en premier. Il n'y a pas de loi qui l'interdise, il faut donc s'y préparer.

Vérifiez quelles sont les manifestations de collecte de fonds déjà programmées dans votre région avant de choisir la date de la vôtre.

Vérifiez également en ligne pour l'année précédente.

Essayez de rendre votre événement unique et PREMIER.

RÉUNION APRÈS L'ÉVÉNEMENT

Après votre événement, vous devez toujours prévoir une réunion avec notre équipe. N'attendez pas trop longtemps, car vous risquez d'oublier des informations cruciales qui vous aideront pour l'événement de l'année prochaine et/ou qui seront des facteurs décisifs pour déterminer s'il vaut la peine d'organiser à nouveau le même événement.

Planifiez votre réunion post-événement au plus tard 7 jours après l'événement.

SONDER LES MEMBRES DE L'ÉQUIPE

Il peut être intéressant d'envoyer une enquête rapide à tous les membres de l'équipe qui ont participé à l'événement, en leur demandant d'évaluer l'événement sur une échelle de 1 à 10 et de faire part de leurs commentaires. Ces informations peuvent être utiles lors de votre réunion.

ROLLE DE TAMBOUR

Ê tes-vous prêt pour les 103 idées de collecte de fonds ?

Au fil de votre lecture, faites travailler votre imagination.

Soyez prêt à mélanger et à assortir les idées en fonction de votre situation.

Nous vivons une époque étrange - avec cette pandémie - mais les fonds sont toujours nécessaires.

J'ai ajouté des suggestions pour vous aider.

Maintenant, préparez-vous à collecter des fonds !

103 IDÉES DE COLLECTE DE FONDS

1.

Soirée Trivia

Commençons par cette idée, car d'une certaine manière, c'est l'événement le plus compliqué, ou il peut l'être si vous n'avez pas de plan.

Et cet événement peut à lui seul constituer votre activité annuelle de base.

C'est aussi l'occasion pour moi d'inclure les idées que notre équipe a essayées - plus d'une fois - et qui ont été couronnées de succès.

Entre parenthèses, j'indiquerai le numéro de l'idée de collecte de fonds qui est expliquée plus en détail dans les 103 idées, afin que vous puissiez voir à quel point il est facile de combiner les idées de collecte de fonds pour atteindre vos objectifs.

Voici donc le plan, présenté étape par étape. Le mode d'emploi de votre événement de collecte de fonds, du début à la fin.

Une fois que vous aurez posé les fondations, vous ne pourrez plus vous en passer !

Les personnes

Tout d'abord, je vous recommande d'avoir un comité composé d'un minimum de 5 personnes et de vous-même.

Les premières choses à faire

Choisissez une date et une heure pour votre événement. Une fois que vous avez choisi la date et l'heure, il vous faut un lieu. Avec un peu de chance, l'école ou l'événement sportif pourra vous accueillir, mais si ce n'est pas le cas, vous devrez peut-être vous renseigner sur les salles, les clubs et les écoles de votre région. Vous pourriez penser que cette dernière idée est étrange, car elle consiste à s'adresser à une autre école pour votre événement, mais c'est en fait une excellente idée.

C'est pourtant une excellente idée. Pourquoi ? Si vous êtes une école maternelle et que vos enfants vont bientôt fréquenter une autre école, c'est un excellent moyen pour vous de rencontrer d'autres parents qui seront intéressés par votre événement. C'est un excellent moyen d'établir un réseau. Cherchez toujours des opportunités de réseautage. Essayez d'obtenir la salle gratuitement. N'oubliez pas de vous renseigner sur la disponibilité des tables et des chaises, de la cuisine (si nécessaire) et des toilettes.

LE PLAN

Comment comptez-vous collecter des fonds ?

    1. Vendre des billets pour la soirée Trivia - Thème ou non ?

2. Vente aux enchères silencieuse

3. Tombolas

4. Jeux

5. Trivia

6. Nourriture et boissons

Pour la plupart des activités énumérées ci-dessus, vous aurez besoin de dons. Cela vous permettra de réduire les frais généraux de votre événement.

Voici comment procéder :

Maintenant que vous avez fixé la date et que vous disposez des installations, vous devez commencer à travailler sur les prix. Vous seriez surpris de voir combien d'entreprises sont prêtes à offrir des prix ; il vous suffit de leur demander. Je vous suggère de confier ce projet à une personne de votre groupe.

Elle devra rédiger une lettre et l'envoyer par courrier électronique aux donateurs potentiels. À ce stade, aucune entreprise ne doit être rayée de la liste. Créez une feuille de calcul Excel avec les noms, les noms des personnes à contacter, le numéro de téléphone et l'adresse électronique de chaque entreprise.

En procédant de la sorte, la liste constituera une véritable mine d'or pour l'avenir.

Exemple de lettre :

Madame, Monsieur,

L'école XXXXXX, créée en XXXX, est une organisation à but non lucratif qui offre des XXXXX de haute qualité à un prix abordable aux familles de la région.

L'école est fréquentée par plus de XX familles résidant dans les banlieues suivantes : LIST SUBURBS.

La collecte de fonds est une responsabilité essentielle pour notre Comité.

La collecte de fonds nous permet de LIST WHAT YOUR GOALS ARE.

Les membres de notre comité de collecte de fonds recherchent des dons pour soutenir les objectifs suivants INDIQUEZ LE NOM ET LA DATE DE VOTRE ÉVÉNEMENT.

La politique du Comité est de reconnaître tous les donateurs via EXPLIQUEZ COMMENT VOUS RECONNAISSEREZ LEUR DONATION exemples - bulletin d'information sur la vente aux enchères, placement lors de l'événement, médias sociaux. En outre, vous recevrez un « certificat d'appréciation » de la part de l'école.

Nous serions heureux que votre organisation soutienne notre école en tant que l'un de ses sponsors pour l'année.

Je vous prie d'agréer, Madame, Monsieur, l'expression de mes salutations distinguées,

VOTRE NOM ICI

LES DÉTAILS DE VOTRE ÉCOLE/CLUB VONT ICI

Liste des entreprises/institutions donatrices

Pour créer une liste de donateurs potentiels, recherchez des donateurs potentiels sous la forme d'une « liste A » d'entreprises qui bénéficieraient d'une participation.

Par exemple : musées, cinémas, zoos et centres commerciaux. Toutes ces entreprises seront contactées par courrier électronique.

Les parents peuvent également faire des dons s'ils possèdent leur propre entreprise ou s'ils travaillent pour quelqu'un qui en possède une.

N'oubliez pas de demander aux parents de faire des dons dans le bulletin d'information ou la mise à jour mensuelle de l'école ou de l'événement pour lequel vous travaillez.

MARCHE DANS LES ENVIRONS

Divisez les quartiers autour de votre événement en banlieues ou en rues et munissez votre équipe de la lettre ci-dessus. Les membres de l'équipe doivent se rendre dans chacun des commerces locaux de leur secteur, en expliquant ce qu'est votre école/équipe et ce qu'est l'événement.

Demandez aux entreprises si elles sont prêtes à offrir un prix ou un bon d'achat. Certains décideront immédiatement, d'autres auront besoin de quelques jours pour se décider. Le mieux est de leur dire que vous passerez un jour précis.

Soyez amical et positif, même s'ils ne font pas de don. Ne les faites pas se sentir mal ou coupables.

Remerciez-les toujours pour le temps qu'ils vous ont consacré.

Demander un don, est-ce mendier ?

On m'a souvent posé cette question et la réponse est toujours NON.

Vous n'êtes pas le seul parent à demander un don à cette entreprise.

S'ils ne vous disent pas oui, ils diront oui à quelqu'un d'autre.

Alors pourquoi pas vous et votre événement ?

Vous vous souvenez du jeu de rôle ? Si ce n'est pas le cas, revenez en arrière. Il ne serait pas inutile de vous rafraîchir la mémoire sur les détails énumérés plus haut à propos de l'acceptation des dons.

De plus, dans la lettre ci-dessus, vous leur avez offert un avantage : leur entreprise sera promue lors de votre événement et ils recevront un certificat qu'ils pourront afficher dans leur magasin.

La plupart des entreprises sont heureuses d'apporter leur aide. Si vous êtes professionnel et que vous leur offrez un avantage, vous n'êtes pas en train de les supplier. C'est une situation gagnant-gagnant.

Note à l'attention du responsable du comité

Toute personne qui estime qu'il s'agit de « mendicité » après que les informations ci-dessus lui ont été expliquées ne devrait pas rendre visite aux entreprises en personne pour leur demander des dons.

QUE FAIRE D'AUTRE ?

Créez des affiches pour promouvoir votre événement.

Consultez les journaux locaux pour voir s'ils ont une rubrique « événement gratuit ».

Appelez la station de radio locale pour savoir si elle acceptera de faire la promotion de votre événement gratuitement.

Demandez à l'école ou à l'événement d'en faire la promotion dans son bulletin d'information et de poser des affiches.

Demandez aux parents d'aider à promouvoir l'événement par l'intermédiaire de leurs partenaires de réseau.

Commencez à vendre des billets pour votre événement.

MAÎTRE DE CÉRÉMONIE

Y a-t-il un parent qui a de l'expérience et qui serait un bon maître de cérémonie pour votre événement ? Si oui, demandez-lui s'il est disponible.

Si personne ne convient, vous pourriez avoir besoin de l'aide d'une « célébrité » locale pour assumer ce rôle. Peut-être une personne de la station de radio locale pourrait-elle donner de son temps ?

Si vous ne trouvez personne qui convienne, le principal ou l'entraîneur pourrait être ravi de participer à la collecte de fonds et d'être au centre de l'action.

Si aucune des solutions ci-dessus ne fonctionne, reportez-vous à la liste suivante de questions triviales pour une autre suggestion.

QUESTIONS TRIVIALES

Il existe des sociétés qui vous vendent des questions et des réponses de jeu-questionnaire toutes prêtes. Dans certains cas, vous pouvez même choisir un thème spécifique. Le coût varie, mais cela peut vous faire gagner beaucoup de temps.

Certaines sociétés proposent même un maître de cérémonie.

Renseignez-vous et voyez si cela conviendrait à votre événement. Cela vaut-il la peine d'investir l'argent nécessaire pour gagner du temps ? Y a-t-il de la place dans votre budget ?

Seul votre comité peut répondre à ces questions.

Pour des raisons de confidentialité, confier la gestion des questions et des réponses à une société extérieure peut présenter des avantages certains.

LA VENTE DES BILLETS

Une fois le prix fixé, il est préférable de demander à des personnes de constituer une équipe.

Tout d'abord, examinez la salle et déterminez le nombre de tables qui pourront y être installées et qui seront gérables. Dix est un nombre respectable, mais je recommande que les tables n'accueillent pas plus de douze personnes.

N'oubliez pas que vous devrez organiser un prix pour chacun des joueurs des trois meilleures équipes.

Nous y reviendrons plus tard.

Les billets peuvent être vendus à l'avance ou le soir même.

Lorsque vous obtenez une réservation pour une table, demandez à la personne de choisir un nom pour son équipe. Vous pouvez le faire le soir même, mais il sera plus facile de tout organiser si vous vendez les billets et remplissez les tables par blocs d'équipes.

NOURRITURE ET VIN

La vente de nourriture et de vin peut vraiment compliquer votre soirée. Si vous vendez de l'alcool, vous devrez probablement demander une licence.

Renseignez-vous auprès de votre administration locale ou de votre municipalité avant de promouvoir la vente d'alcool.

Une option pourrait être le BYO (apportez votre propre alcool) si l'établissement est d'accord avec cela. Vous pouvez vendre des verres à vin en plastique. Il est bon de proposer une sélection d'eau et de boissons non alcoolisées.

En ce qui concerne la nourriture, il est préférable de rester simple. Un plateau de fromages et de fruits peut être préparé et placé sur chaque table.

À CE PROPOS...

Dressez une liste de toutes les fournitures dont vous avez besoin pour la soirée. Il y a des éléments de base dont vous aurez toujours besoin. Vous pouvez compléter la liste au fur et à mesure des besoins. Préparez-vous toujours à en avoir trop plutôt que pas assez :

- Verres à vin

- Serviettes de table

- Fromage

- Crackers

- Bretzels

- Fruits

- Noix

- Papier hygiénique

- Serviettes en papier

- Sacs à ordures

- Boissons non alcoolisées

- Bols

- Assiettes

- Pailles

- Tasses

- Crayons

- Papier

- Carnets de tickets de tombola

- Livre de reçus

- Bouteille de scotch

- 12 bouteilles de vin

- 12 prix

- 12 cuillères en bois

- Bonbons à la confiture

- Grains de café enrobés de chocolat

Il s'agit de produits de base dont vous aurez toujours besoin.

Si vous pouvez les faire donner en gros, vous gagnerez du temps (et de l'argent).

Vous aurez besoin d'un espace de stockage - demandez à l'école d'allouer un espace et/ou aux parents de stocker des articles.

Pour les dons, vérifiez auprès de votre épicerie locale. S'il s'agit d'une chaîne, vous devrez parler au directeur local (et lui remettre une lettre), qui transmettra ensuite la lettre à la personne qui décidera de l'école ou de l'équipe à laquelle faire un don. La plupart ont des budgets mensuels (au niveau local), mais si vos besoins dépassent ce dont ils disposent (parce qu'ils ont déjà fait des dons à d'autres écoles/équipes), il se peut qu'ils aient besoin de temps pour obtenir des fonds du siège afin de vous aider.

ENTREZ D'ABORD DANS LA SALLE

L'essentiel est de commencer par contacter les entreprises locales en leur envoyant une lettre. Certaines entreprises disposent d'un budget mensuel pour faire des dons aux écoles et équipes locales. D'autres doivent demander de l'argent à leur siège social.

Certains propriétaires d'entreprises vous offriront un chèque-cadeau que vous pourrez utiliser dans leur magasin pour acheter la plupart des produits énumérés ci-dessus.

Une fois que vous aurez utilisé toutes les possibilités de dons, demandez aux parents de vous donner tout ce que vous n'avez pas encore. Le bulletin de l'école ou de l'équipe est l'endroit idéal pour dresser la liste des articles et demander de l'aide.

CONSEIL CLÉ N° 10

Chaque fois que vous faites vos courses ou que vous visitez un commerce local, gardez à l'esprit les articles de votre liste de souhaits. Informez la personne de votre équipe qui est affectée à ce secteur de l'existence de ce commerce afin qu'elle puisse demander l'article souhaité et assurer le suivi si nécessaire.

L'AFFLUX DE DONS

Tenez une liste active des articles nécessaires et rayez-les au fur et à mesure qu'ils arrivent. Il doit s'agir d'une liste différente - des articles les plus importants. Les articles que vous devrez acheter vous-même si vous n'obtenez pas de dons.

Vous recevrez de nombreux dons d'articles que vous pourrez utiliser comme prix. Vous aurez besoin d'un endroit pour stocker ces articles jusqu'à l'événement.

En tant que coordinateur de la collecte de fonds, vous devrez veiller à ce que vous, ou une personne que vous aurez déléguée, gardiez une trace de tous les dons.

COMMENT ALLEZ-VOUS RÉPARTIR LES DONS ?

Vous devrez décider comment utiliser la sélection des dons pour collecter le plus de fonds possible :

VENTE AUX ENCHÈRES SILENCIEUSE
PRIX DE PORTE
RAFFLES
PRIX POUR LES TABLES ET LES JEUX.

Vous devrez également conserver une liste des dons offerts par les différentes entreprises afin d'en faire la promotion avant et pendant l'événement. Cette liste servira également à remercier les participants après l'événement.

MICROPHONE

Vérifiez auprès de votre école si elle dispose d'un microphone pour votre maître de cérémonie. Si ce n'est pas le cas, vérifiez auprès d'une école voisine si vous pouvez en louer un ou si elle serait heureuse de vous en faire don. Peut-être avez-vous quelque chose à leur proposer pour l'un de leurs événements ?

JUGES

Il est recommandé d'avoir trois juges pour prendre les décisions lors de la soirée Trivia. Ils connaîtront les règles et seront en mesure de trancher en cas d'égalité ou de régler tout litige, en plus de comptabiliser les réponses à la fin de chaque série de questions et de confirmer les gagnants à la fin de la soirée.

CONSEIL CLÉ N° 11

Deux juges sont suffisants, mais il est préférable d'en avoir trois, dont un de réserve. Vous ne voulez pas avoir à chercher un juge le soir de l'événement parce que quelqu'un est malade.

JEUX

Au début, nous avons fait allusion à des jeux. Entre les tours, lorsque les juges compilent les résultats, c'est le moment idéal pour s'amuser et récolter un peu d'argent grâce à des jeux.

En voici quelques-uns qui ont eu du succès :

Pile et Face #37

Vérifiez sous votre chaise

Comptez les bonbons #15

Casier à alcool #10

Pop a Balloon #14.

VENTE AUX ENCHÈRES SILENCIEUSE (#11)

Cette vente aux enchères vous rapportera beaucoup d'argent, mais elle demande beaucoup d'organisation. Vous devrez choisir les articles parmi ceux qui ont été donnés et préparer une feuille d'enchères. Les participants enchériront par tranches que vous aurez choisies et qui figureront sur la feuille d'enchères entre les différents tours de table.

Les objets doivent être exposés sur la même table que les feuilles d'enchères. Les feuilles d'enchères doivent indiquer l'article, la valeur et le nombre d'articles et laisser un espace pour que la personne qui enchérit puisse écrire son nom, le nom et la classe de l'enfant, et faire une offre. Si ce n'est pas uniquement pour les enchérisseurs internes, vous devez également ajouter le numéro de téléphone au formulaire.

Les objets de valeur susceptibles d'être emportés, comme les chèques-cadeaux, ne doivent pas être exposés. Au lieu de cela, une enveloppe indiquant la raison du chèque-cadeau ou une photocopie doit être exposée. Cela permet d'éviter que des objets ne disparaissent à la suite d'un vol ou d'une perte.

Le maître de cérémonie doit rappeler aux participants de vérifier leurs offres entre chaque tour. Avant le dernier tour, le maître de cérémonie doit demander un dernier tour d'enchères. Lorsque le dernier tour de Trivia est prêt à être joué, demandez à un membre de votre équipe de collecter les feuilles d'enchères.

Les offres gagnantes peuvent être comptabilisées et annoncées par le maître de cérémonie. À la fin de la soirée, les participants peuvent réclamer leurs prix, payer le montant de l'enchère gagnante et récupérer leur prix à la sortie.

Dressez également une liste de tous les articles à vendre dans le cadre de la vente aux enchères silencieuse et placez-la sur chacune des tables avant le début de la manifestation. Il s'agit d'une publicité gratuite qui incitera les participants à examiner de plus près les articles qui les intéressent et à décider jusqu'où ils sont prêts à aller pour les gagner.

CADEAUX DE PACOTILLE #13

Il s'agit de demander aux parents de l'école de faire don d'un « cadeau de merde » qu'ils ont reçu.

Cette idée était très amusante - et un excellent moyen pour les parents/enseignants de se débarrasser du désordre.

Remarque : vous pouvez mentionner en passant que les parents participant à l'événement ne doivent pas se sentir offensés si un objet qu'ils ont donné est disponible sur la table des cadeaux inutiles. Cela arrive et il vaut mieux le mentionner d'emblée.

Après tout, c'est un moyen pour eux de se débarrasser des doublons ou des articles neufs ou presque neufs dont ils ne veulent plus - le tout pour une bonne cause.

L'ARBRE À GRIFFES N° 38

Dans le bulletin d'information de votre école ou de votre équipe, demandez à chaque parent de faire don d'un ou plusieurs billets de loterie (scratchies) en vue de la création d'un arbre à gratter.

Qu'est-ce qu'un arbre à gratter ?

C'est à vous d'en décider. Suggestions :

Si votre événement a lieu à l'approche de Noël, vous pouvez dessiner ou utiliser un faux (ou vrai) arbre de Noël et scotcher ou suspendre tous les billets de loterie. Vous saurez ainsi à l'avance combien de billets vous avez. Additionnez la valeur de tous les billets.

Faites-en un objet de vente aux enchères silencieuse qui sera adjugé au plus offrant. Le gagnant emporte l'arbre et tous les billets de loterie chez lui.

CONSEIL CLÉ N° 12

Une photo de l'arbre à gratter peut être exposée à la table de la vente aux enchères silencieuse. Sur le formulaire d'offre, mentionnez la valeur totale des Scratchies payés, avec le montant possible à gagner comme UNLIMITED ou THE SKY'S THE LIMIT (le ciel est la limite).

Conservez l'arbre à un endroit convenu dans les locaux.

Cela évitera que les billets de loterie ne tombent et/ou ne se perdent pendant la vente aux enchères silencieuse.

Tête et queue #37

Placez un bol sur chacune des tables. Nous avons constaté que les bols en plastique sont les plus efficaces, surtout si de l'alcool est servi. Moins de casse.

Demandez à tous les participants de jeter une pièce de 1 $ dans le bol.

Vous aurez besoin de volontaires pour collecter l'argent dans les bols à chaque tour.

Le maître de cérémonie posera des questions et les participants devront choisir si la réponse est Pile ou Face.

Les participants seront éliminés à chaque tour.

Le grand gagnant recevra un prix. Le gagnant sera la dernière personne debout.

Pop a Balloon #14

Si vous avez beaucoup de petits prix, un moyen efficace de vous amuser avec eux est d'installer une table de Pop A Balloon. Des numéros sont placés dans tous les ballons. Vous devez noter le numéro qui se trouve dans chaque ballon, puis attribuer un prix à ce numéro.

Les clients paient le prix alloué, choisissent un ballon, l'éclatent et reçoivent le prix correspondant à ce numéro.

Tout le monde gagne !

Lancer une pièce de monnaie ! #28

Placez une bouteille d'alcool (de préférence du scotch) sur le sol. Demandez aux participants de faire rouler une pièce (à tour de rôle) vers la bouteille. Celui qui fait rouler sa pièce le plus près de la bouteille gagne la bouteille.

Vous pouvez organiser deux événements, l'un avec un lancer de pièce et l'autre avec un lancer de pièce. Il s'agit des mêmes concepts - et un prix différent sera attribué.

Prévoyez un mètre ruban au cas où deux rouleaux ou plus semblent les plus proches.

Tombolas #101

Pour organiser une tombola, vous devez vendre des billets. Cette méthode fonctionne bien si vous avez des prix plus importants et de plus grande valeur.

Avant l'événement, emballez les prix et réservez une table le soir de l'événement pour présenter et promouvoir la tombola.

Vous aurez besoin d'un bocal ou d'un bol pour les talons des billets.

Demandez au maître de cérémonie de faire une annonce entre les tours pour que les participants sachent que des volontaires vendront des billets.

Annoncez les billets gagnants par l'intermédiaire de votre animateur avant le dernier tour de Trivia et demandez aux gagnants de venir chercher leur prix.

VÉRIFIEZ SOUS VOTRE CHAISE

Après avoir installé les tables, placez un prix sous une chaise de chacune des tables de l'équipe.

Demandez au maître de cérémonie de dire à chacun de regarder sous sa chaise. Celui qui est assis à cette place gagne le prix.

C'est un excellent moyen d'utiliser les dons qui vous restent.

Remarque : il n'est pas conseillé d'utiliser ce jeu à chaque soirée Trivia, car les gens regarderont sous leur chaise avant de choisir leur place. Mélangez les jeux pour qu'ils ne sachent jamais quand.

Comptez les bonbons (avec une touche) #15

Tout le monde aime deviner le nombre de bonbons dans un bocal - d'autant plus que le gagnant emporte le bocal chez lui.

Voici quelque chose de différent à essayer : attribuez deux bocaux, l'un avec des bonbons pour ceux qui sont jeunes de cœur, et l'autre pour les autres qui préfèrent quelque chose de plus exotique, comme des grains de café enrobés de chocolat.

Si vous disposez des deux options (ou d'une seule), vous devrez allouer des fonds pour acheter les articles (et les bocaux).

Remarque : vous pouvez également obtenir des dons d'une entreprise pour ces articles si vous le demandez.

Chargez quelqu'un de compter les articles dans le bocal. Il est pratique de coller la réponse sous le couvercle - assurez-vous qu'il est bien fermé. Veillez à ce qu'il soit bien fermé. Vous pouvez même l'entourer de ruban adhésif.

Pourquoi ?

Parce qu'il est arrivé qu'une participante décide d'ouvrir le bocal de grains de café enrobés de chocolat pour les goûter, car elle ne les avait jamais essayés auparavant. Note : elle n'a pas aimé.

Pour éviter ce genre de situation, mettez du ruban adhésif autour du pot et surveillez-le de près.

NAPPERONS DE REMERCIEMENT
CONSEIL CLÉ N° 13

Lorsqu'une entreprise fait un don, demandez à votre volontaire de collecter une carte de visite. Utilisez ces cartes pour créer des sets de table - un par personne - sur chaque table pendant l'événement.

Si vous aimez créer des feuilles de calcul Xcel, il vous sera facile de créer un set de table pour promouvoir toutes les entreprises qui ont offert un prix.

Saisissez le nom, l'adresse et le numéro de téléphone de chaque entreprise dans le modèle de set de table. Si vous voulez faire preuve de fantaisie, vous pouvez faire figurer une rangée des principaux donateurs et inclure leur logo.

En haut du modèle, inscrivez des mots tels que : « Aidez-nous à remercier nos généreux donateurs » :

AIDEZ-NOUS À REMERCIER NOS GÉNÉREUX donateurs et sponsors

CONSEIL CLÉ N° 14

Demandez à quelqu'un d'autre que la personne qui a créé le set de table de tout relire avant d'imprimer les copies finales.

Lorsque vous rendez visite aux entreprises qui ont fait un don en leur envoyant une lettre de remerciement et/ou un certificat, apportez également une copie du placement afin qu'elles puissent voir qu'elles ont été promues lors de l'événement, comme promis.

C'est un excellent moyen d'apporter des affaires à ceux qui vous ont aidé.

Avec un peu de chance, ils reviendront pour l'événement de l'année prochaine.

PRIX DU TRIVIA

Vous aurez besoin de prix pour la table gagnante.

Un pour chaque personne de l'équipe gagnante.

*Les bouteilles de vin sont toujours très appréciées.

(Demandez à un restaurant, un pub ou un établissement vinicole local de faire des dons).

Deuxième prix ?

Si vous décidez de distribuer des prix à l'équipe qui a terminé deuxième, vous aurez besoin d'un prix pour chaque personne de cette équipe.

*Les mêmes articles provenant du magasin à un dollar ont toujours été très appréciés lors de nos événements.

Pire table

Vous aurez besoin d'un prix pour chacun des membres de l'équipe perdante.

*Les cuillères en bois entourées d'un ruban sont toujours très appréciées lors de nos événements.

LE SOIR

Les tables sont vendues et tout est prêt pour la soirée.

Vous avez deux personnes à la porte qui collectent l'argent de l'entrée.

Les tables sont dressées avec des placements, de la nourriture, des articles de vente aux enchères silencieuse, un bol de pièces de monnaie.

Le maître de cérémonie est prêt à intervenir, tout comme les juges.

Deux personnes sont prêtes à collecter l'argent et à distribuer les articles de la vente aux enchères silencieuse avant la fin de la soirée.

Il ne vous reste plus qu'à vous AMUSER et à regarder l'argent rentrer.

Ah, si seulement c'était aussi facile !

Gardez l'œil ouvert. Attendez-vous à l'inattendu.

À PROPOS DE L'ARGENT

Veillez à ce que l'argent soit conservé en lieu sûr pour chaque mini-événement.

Demandez à un membre de votre équipe de collecter l'argent après chaque match.

À la fin de la soirée, rassemblez tout l'argent et conservez-le dans un coffre-fort.

Déposez-le à la banque dès l'ouverture de celle-ci.

Faites savoir à tout le monde combien vous avez gagné moins les dépenses.

Quel était votre objectif ? L'avez-vous atteint ?

RÉUNION
Organisez une réunion avec votre équipe et notez ce qui s'est bien passé, ce qui s'est mal passé et ce qui s'est bien passé. Prenez-en note pour le comité de l'année prochaine.

SUIVI
N'oubliez pas que vous devez établir des certificats d'appréciation pour chacune des entreprises qui ont fait des dons.

Pour les entreprises ou les sièges sociaux situés à l'extérieur de la ville qui vous ont fait des dons, vous devrez envoyer leur certificat par la poste ou, si cela ne les dérange pas, par courrier électronique, et ils pourront l'imprimer eux-mêmes.

Pour les entreprises locales, l'idéal est que la personne qui a collecté le don rende visite à l'entreprise en personne.

N'oubliez pas de leur dire combien vous avez collecté et de leur dire MERCI en personne pour leur don.

103 IDÉES DE COLLECTE DE FONDS

2.

Sizzle de saucisses et de hot-dogs

Si vos enfants font du sport ou si vous collectez des fonds pour un événement sportif, c'est l'occasion idéale de collecter des fonds.

Vous pouvez installer un barbecue près des matchs du samedi et vendre des saucisses et/ou des hot-dogs.

Vérifiez d'abord si vous avez besoin d'une licence du parc. Renseignez-vous également sur les lieux locaux tels que les centres commerciaux et les magasins qui offrent aux organisations la possibilité de collecter des fonds devant leurs magasins à l'occasion d'un événement comme celui-ci.

Ce dont vous aurez besoin :

Saucisses/Hot Dogs

Petits pains

Condiments (ketchup, moutarde, relish, sauce barbecue)

Oignons

Fromage râpé
Cornichons
Serviettes
Boissons non alcoolisées
Glace
BBQ
Appareils de barbecue
Tabliers
Eau (pour se laver les mains)
Savon antibactérien
Serviettes en papier
Boîte de gants en plastique

DONS DE NOURRITURE :

Contactez un boucher et/ou un épicier local et demandez-lui de vous faire don de l'un ou de l'ensemble des articles ci-dessus. Obtenez des viandes de qualité supérieure. Pour tout ce qui ne peut être donné par les magasins, demandez aux parents de faire des dons ou d'acheter. Veillez à établir un budget.

Fonds de roulement

Mettez en place un flotteur pour la monnaie. Notez le montant du flotteur et déduisez-le des bénéfices plus tard.

BBQ et matériel

Si vous devez apporter votre propre barbecue, organisez son transport vers et depuis l'événement.

Licence de service

Vérifiez si vous avez besoin d'une licence de restauration.

Lorsque vous servez de la nourriture

Respectez les directives établies en matière d'alimentation.

Au minimum
placez le petit pain une serviette dans la paume de votre
main.

Mettez la saucisse/le hot-dog dans le petit pain.

Passez-la au client.

Laissez les clients ajouter leurs propres condiments.

S'il y a plusieurs clients en même temps, il peut être utile
de désigner un volontaire pour appliquer les condiments
afin que la zone soit dégagée et que la file d'attente soit
fluide.

103 IDÉES DE COLLECTE DE FONDS

3.

Fête costumée

Cette activité peut être liée à un jeu-questionnaire ou constituer un événement distinct.

Demandez aux gens de se déguiser et de venir dans une salle louée ou chez eux si vous voulez que ce soit plus petit.

Vous pouvez décerner des prix pour les meilleurs et les pires costumes.

Vous pouvez collecter des fonds en organisant des jeux.

Consultez la section des jeux et décidez de ceux que vous souhaitez inclure dans votre fête costumée.

Vous pouvez également organiser une soirée cinéma.

103 IDÉES DE COLLECTE DE FONDS

4.

L a danse
Je vous suggère de choisir une époque spécifique - par exemple la musique des années 80 - comme thème et d'inviter les gens à venir en portant des vêtements de cette époque.

Vous devrez prévoir une salle, des tables et des chaises.

Pour la musique, vous pouvez engager un DJ ou simplement établir des listes de lecture sur votre téléphone si vous disposez d'un système de sonorisation. Tout dépend du budget.

Pour servir de l'alcool, vous devrez peut-être demander une licence.

Consultez les notes pour la soirée Trivia et vous pourrez utiliser des idées de jeux et d'amusements pour la soirée.

103 IDÉES DE COLLECTE DE FONDS

5.

Trempette et gorgée

Invitez un groupe d'amies à venir se faire dorloter. En tant que groupe, vous pourriez décider de vous faire les ongles, la pédicure, les cheveux, etc., afin de collecter des fonds pour votre école ou votre équipe. Vous pouvez inclure un déjeuner ou des amuse-gueules si vous le souhaitez.

Vous pouvez également louer ces services et demander à ce que les bénéfices soient reversés à votre école ou à votre équipe. Cela permettrait à tout le monde de participer.

Le trempage peut être aussi simple que de tremper ses pieds dans un bassin d'eau rempli d'huiles.

Pour la partie « siroter », le champagne est fortement recommandé.

Si vous organisez votre Dip and Sip dans l'une de vos maisons, vous devrez avoir des serviettes supplémentaires à portée de main, mais vos frais généraux resteront relativement bas.

Ce qu'il vous faut

- Lotions parfumées

- Huiles

- Pétales de rose

- Des billes

- Bassins d'eau ou bols extra-larges

- Sièges

- Serviettes

- Champagne

- Verres à champagne.

Chaque participant aura besoin d'un bol ou d'une bassine suffisamment grande pour y tremper ses pieds. Ils peuvent être achetés en gros dans un magasin à un dollar.

Organisez votre événement à l'extérieur par une journée ensoleillée dans le jardin. Préparez une table avec du champagne qui refroidit dans un seau et des verres à portée de main.

Avant l'arrivée de vos invités, installez les chaises et la table à proximité. Placez une bassine devant chaque chaise et une serviette sur chaque siège.

Jetez une poignée de billes dans chaque bassine afin que les invités massent la plante de leurs pieds lorsqu'ils y posent les pieds.

À l'arrivée des invités, ajoutez de l'eau chaude, de l'huile parfumée et des pétales de rose dans chaque bassin.

Ouvrez le champagne et faites circuler les coupes.

Que le chouchoutage commence !

103 IDÉES DE COLLECTE DE FONDS

6.

Tremper et siroter

Invitez un groupe d'amies à venir se faire dorloter.

En tant que groupe, vous pourriez décider de vous faire faire les ongles, les pédicures, les coiffures, etc., afin de collecter des fonds pour votre école ou votre équipe. Vous pouvez inclure un déjeuner ou une collation si vous le souhaitez.

Vous pouvez également louer ces services et demander que les bénéfices soient reversés à votre école ou à votre équipe. Cela permettra à tout le monde de participer.

Le trempage peut être aussi simple que de tremper ses pieds dans une bassine d'eau remplie d'huiles.

Pour ce qui est de la dégustation, le champagne est vivement recommandé.

Si vous organisez votre Dip and Sip dans l'une de vos maisons, vous devrez prévoir des serviettes supplémentaires, mais vos frais généraux resteront relativement faibles.

Ce qu'il vous faut

- Des lotions parfumées

- Huiles

- Pétales de rose

- Des billes

- Bassins d'eau ou bols extra-larges

- Sièges

- Serviettes

- Champagne

- Coupes de champagne.

Chaque participant aura besoin d'un bol ou d'une bassine suffisamment grande pour y tremper ses pieds. Ils peuvent être achetés en gros dans un magasin à un dollar.

Organisez votre événement à l'extérieur, par une journée ensoleillée dans le jardin. Installez une table avec du champagne au frais dans un seau et des verres à portée de main.

Avant l'arrivée de vos invités, installez les chaises et la table à proximité. Placez un bol devant chaque chaise et une serviette sur chaque siège.

Jetez une poignée de billes dans chaque cuvette afin que les invités puissent se masser la plante des pieds en y entrant.

À l'arrivée des invités, ajoutez de l'eau chaude, de l'huile parfumée et des pétales de rose dans chaque bassin.

Ouvrez le champagne et faites circuler les coupes.

Que le chouchoutage commence !

103 IDÉES DE COLLECTE DE FONDS

7.

Soirée karaoké

Il s'agit d'une excellente option si quelqu'un dans votre groupe dispose d'un appareil de karaoké, ou même d'un Wi-Fi ou d'une Xbox. Dans ce dernier cas, vous aurez besoin de plusieurs microphones, d'un grand écran pour afficher les paroles, puis vous pourrez choisir un lieu et une date et commencer à vendre des billets.

Vous pouvez choisir un thème ou une époque musicale pour votre fête si vous le souhaitez, mais ce n'est pas recommandé car cela pourrait restreindre votre public cible.

Vous pouvez demander à vos invités de se déguiser en groupe ou en musicien et offrir des prix - voir les détails de la fête costumée ci-dessus.

Vous pouvez intégrer un grand nombre d'activités, y compris une vente aux enchères silencieuse, des jeux, etc.

C'est à vous de décider de l'ampleur que vous souhaitez donner à cette collecte de fonds.

103 IDÉES DE COLLECTE DE FONDS

8.

Jeu de bingo

Le bingo est un jeu amusant pour toute la famille, mais pour y parvenir, il faut une machine à bingo. Il est possible d'en louer, mais vous pouvez aussi improviser une machine avec un peu d'imagination.

Vous devrez ensuite acheter des carnets de cartes de bingo et des buvards.

Vous pouvez demander des dons et des prix, comme pour la soirée Trivia, et même demander à quelqu'un d'animer la soirée pour vous.

103 IDÉES DE COLLECTE DE FONDS

9.

Vente de pâtisseries

Pour faire de cette vente une formidable collecte de fonds, vous devez sortir de votre zone d'activité et vous rendre dans un endroit où les clients se trouveront. Je vous suggère de vous adresser à votre centre commercial local ou aux grandes chaînes de magasins et de leur demander si vous pouvez organiser une vente de pâtisseries devant leurs portes un samedi matin - leur jour le plus chargé de la semaine.

Il se peut que vous deviez obtenir une licence ou un permis de manipulation d'aliments, renseignez-vous auprès de votre mairie.

Après avoir choisi votre jour et réservé le lieu de l'événement, l'étape suivante, particulièrement cruciale, consiste à contacter une entreprise de papier (Cake Box) et à lui demander si elle est disposée à faire don de boîtes.

Pour une vente de pâtisseries réussie, le fait d'exposer des articles emballés augmentera votre rendement. Cela facilite également le transport et la présentation des produits de boulangerie.

Produits de boulangerie

Demandez à chaque parent de votre équipe ou de votre école de donner au moins un produit de boulangerie. Le matin de la vente, demandez aux parents d'apporter les produits à un endroit précis où vous pourrez les charger et les transporter jusqu'au lieu de l'événement.

- Ce qu'il faut apporter en plus :

- Brochures/dépliants de l'école

- Mettre une nappe sur les tables d'exposition

- Apportez un petit tamis et un récipient de sucre glace.

Faites en sorte que les tables soient jolies avec la nappe. Lorsque vous présentez les articles dans les boîtes, saupoudrez-les d'une petite quantité de sucre glace. Cette astuce est particulièrement efficace pour les parents qui n'ont pas eu le temps de préparer quelque chose eux-mêmes et/ou qui ont acheté quelque chose. Elle ajoute une petite touche personnelle.

Aussi incroyable que cela puisse paraître, certaines personnes préfèrent les produits achetés en magasin.

Autres points à ne pas oublier :

Ne vendez pas de tranches individuelles.

Ne vendez que des tartes ou des gâteaux complets.

Simplifiez les prix.

Un prix pour les gâteaux, un prix pour les tartes.

Une fois les stocks épuisés, c'est fini pour la journée.

BOISSONS NON ALCOOLISÉES ET BOUTEILLES D'EAU

Vérifiez auprès de l'entreprise qui organise votre événement si vous pouvez vendre des boissons non alcoolisées et de l'eau en bouteille.

S'ils acceptent, vous pouvez demander des dons d'eau et de boissons non alcoolisées.

Si vous recevez beaucoup de dons ou si vous choisissez d'acheter des boissons non alcoolisées et de l'eau en bouteille, vous aurez également besoin de glace et de glacières.

Vous devrez également fixer le prix des boissons afin de ne pas perdre d'argent si vous les payez d'avance.

Si vous recevez des dons ou achetez des boissons en gros, vous pouvez faire payer moins cher, mais n'oubliez pas que vous êtes là pour faire des bénéfices.

103 IDÉES DE COLLECTE DE FONDS

10.

Casier à alcool

Cette idée peut sembler étrange, mais elle est en fait très amusante.

Pour commencer, demandez aux parents de donner une ou deux bouteilles de n'importe quel type d'alcool qu'ils ont sous la main. Non ouvertes, c'est entendu, mais juste au cas où...

Vous pouvez également demander des dons aux restaurants, bars et pubs locaux, etc.

Lors de votre événement, entourez toutes les bouteilles d'alcool d'un maillon de chaîne - d'où le nom. Vous pouvez emballer le casier avec du papier cadeau et un nœud pour faire de l'effet.

Vous aurez besoin d'un cadenas sur le devant du casier à alcool.

Avant l'événement, vous devrez attribuer une valeur au casier à alcool. Quelle serait la valeur de stockage de toutes les bouteilles accumulées ?

Vous vendez ensuite des billets pendant l'événement.

Ce système a été extrêmement populaire lors de nos événements de collecte de fonds.

Rappelez aux gens d'acheter des billets chaque fois qu'ils en ont l'occasion.

Une fois tous les billets vendus et à l'heure prévue, les personnes ayant acheté des billets feront la queue et recevront chacune une clé, mais une seule clé ouvrira l'armoire à alcool proprement dite.

Il peut s'agir de la première personne à faire la queue ou de la dernière, c'est ce qui est passionnant dans cet événement.

Le gagnant emporte tout le contenu du casier chez lui.

103 IDÉES DE COLLECTE DE FONDS

11.

Vente aux enchères silencieuse

Comme nous l'avons vu plus haut dans le cadre de la soirée Trivia, cette tâche vous rapportera beaucoup d'argent, mais elle demande beaucoup d'organisation.

Vous devrez choisir les articles parmi ceux qui ont été donnés et établir une feuille d'enchères. Entre les deux tours (pendant que les juges vérifient les réponses), les participants enchériront sur les objets par tranches que vous aurez choisies et qui figureront sur la feuille d'enchères.

Les objets doivent être exposés sur la même table que les feuilles d'enchères. Les feuilles d'enchères doivent indiquer l'article, la valeur et le nombre d'articles et laisser un espace pour que la personne qui enchérit puisse écrire son nom, le nom et la classe de l'enfant, et faire une offre. Si ce n'est pas uniquement pour les enchérisseurs internes, vous devez également ajouter le numéro de téléphone au formulaire.

OBJETS DE VALEUR

Les objets de valeur, qui pourraient être emportés, comme les chèques-cadeaux, ne doivent pas être exposés - au lieu de cela, une enveloppe indiquant la raison du chèque-cadeau ou une photocopie doit être exposée - ceci afin d'éviter que des objets ne disparaissent. Demandez aux gens de faire des offres entre chaque tour. Avant le dernier tour, demandez un dernier tour d'enchères, puis ramassez les feuilles. Les offres gagnantes peuvent être comptabilisées et, à la fin de la soirée, les participants peuvent réclamer leurs prix et payer la somme gagnée.

Dressez également une liste de tous les articles à gagner et placez-la sur chacune des tables. Les participants peuvent choisir les articles sur lesquels ils souhaitent enchérir avant l'ouverture des enchères et s'enthousiasmer pour les articles disponibles.

(Pour plus de détails, reportez-vous à l'article 1 de la soirée Trivia).

103 IDÉES DE COLLECTE DE FONDS

12.

Vente aux enchères

    Si vous souhaitez ajouter une vente aux enchères à votre événement, vous aurez tout d'abord besoin d'un commissaire-priseur ou d'un maître de cérémonie. Ensuite, vous aurez besoin d'un lieu pour organiser votre événement. Fixez ensuite la date et l'heure et commencez à demander des dons d'articles à vendre aux enchères.

Quelques idées de collecte de fonds pour la vente aux enchères

- Mettre aux enchères des actes plutôt que des articles :

- Les parents font don de leur temps pour aider d'autres parents (garde d'enfants, courses, etc.).

- Les parents font don de leurs services pour aider d'autres parents (services d'impression, tonte de pelouse, etc.).

Vous pouvez combiner les éléments ci-dessus.

Soyez créatifs.

AUTRE POINT IMPORTANT :

Une fois que tout est en place, vous devez préparer des feuilles pour que le commissaire-priseur/MC sache quel prix de départ vous souhaitez.

Il serait utile de préparer une feuille principale que les gens signeront à leur entrée. Ils vous donneront leur nom, leur adresse, leur numéro de téléphone ainsi que le nom et la classe de leur enfant. Vous pouvez ensuite leur donner un numéro d'enchère.

Il serait également utile d'exposer les articles mis aux enchères afin que les enchérisseurs puissent les voir avant d'enchérir.

Si tout est en place, la collecte de l'argent et la distribution des biens devraient être très simples. Vous pouvez décider de n'accepter que les espèces, les chèques ou les cartes de débit (vous devrez peut-être vous procurer un distributeur de cartes).

103 IDÉES DE COLLECTE DE FONDS

13.

Cadeaux de pacotille

Nous avons abordé cette idée de collecte de fonds dans le cadre de la soirée Trivia, mais il est possible d'en faire un mini-événement à part entière.

Demandez aux parents, aux enseignants et à la communauté de faire don d'objets non désirés ou presque neufs. Nous les appelons les « cadeaux merdiques ».

Considérez cette idée comme un remède au désordre. Un nettoyage de printemps pour les cadeaux que vous ne vouliez pas ou dont vous n'aviez pas besoin (ou dont vous n'avez aucune idée de la raison pour laquelle ils ont été faits).

Il est bon de rappeler qu'il faut s'amuser avec le thème. Ne soyez pas gêné si l'un de vos cadeaux est donné à la table des cadeaux inutiles.

Après tout, c'est un moyen de se débarrasser des doublons, des articles neufs ou presque neufs dont on ne veut plus, le tout pour une bonne cause. Rien de personnel.

103 IDÉES DE COLLECTE DE FONDS

14.

Prix en ballons

Si vous disposez d'un grand nombre de petits prix pour un événement de grande envergure, un moyen efficace de s'amuser est de placer des numéros à l'intérieur d'un ballon et de demander aux participants de les faire éclater.

Ils paient pour le ballon et gagnent le prix correspondant à ce numéro.

Pour ce faire, il suffit d'avoir des prix et des ballons.

Si vous avez beaucoup de prix, il peut être intéressant de louer ou d'investir dans un gonfleur ou une pompe à ballons.

103 IDÉES DE COLLECTE DE FONDS

15.

Comptez les bonbons (avec une touche d'originalité)

Tout le monde aime deviner le nombre de bonbons dans un bocal.

Nous avons réussi à avoir deux bocaux, l'un pour les adultes et l'autre pour les enfants.

Avant l'événement, nous nous sommes installés à l'extérieur de l'école et les enfants ont fait une offre pour le bocal de bonbons.

Lors de la soirée Trivia, nous avions un bocal rempli de grains de café enrobés de chocolat dont les adultes devaient deviner le nombre.

Vous pouvez utiliser autre chose que des grains de café, car ils peuvent être un peu chers. Les nôtres nous ont été offerts par un grossiste spécialisé, mais de nos jours, certains magasins d'alimentation en proposent.

103 IDÉES DE COLLECTE DE FONDS

16.

Vendre des chocolats

Il existe de nombreuses entreprises bien établies qui achètent des barres de chocolat en vrac et organisent tout pour que vous puissiez vendre des chocolats (ou d'autres articles) aux parents de votre école, etc.

Avec ces entreprises, vous ne gardez pas la totalité des bénéfices, mais elles vous donnent tout ce dont vous avez besoin pour réussir votre collecte de fonds et, comme le temps, c'est de l'argent, cela pourrait convenir à votre école ou à votre équipe.

Vérifiez en ligne les options disponibles près de chez vous.

Par ailleurs, si vous avez une entreprise locale qui fabrique ses propres confiseries/chocolats, vous pouvez peut-être négocier un partenariat avec elle.

103 IDÉES DE COLLECTE DE FONDS

17.

V endre du vin

Il s'agit d'un autre événement organisé, au cours duquel vous vendez des bouteilles de vin.

Tout est organisé pour vous et les documents vous sont remis. Vous vendez le vin et recevez un pourcentage des bénéfices.

Vous devez veiller à goûter le vin avant de le recommander.

Demandez que quelques bouteilles gratuites soient envoyées à votre équipe de bénévoles avant de commencer à vendre.

Cela vous aidera au cas où le vin ne serait pas aussi bon que vous le souhaiteriez (ou que les parents le souhaiteraient).

La collecte de fonds peut être efficace, mais uniquement si les clients sont satisfaits du produit lui-même.

103 IDÉES DE COLLECTE DE FONDS

18.

Empreintes de mains
Ce projet est idéal si votre enfant est en maternelle ou en jardin d'enfants et que l'enseignant souhaite travailler directement avec votre équipe de bénévoles sur ce projet.

L'enseignant prendrait les empreintes des mains de chacun des enfants de la classe. Les empreintes de mains sont ensuite étiquetées, signées et mises en vente.

Les parents les achètent afin de récolter des fonds pour la classe.

Si une machine à plastifier est disponible, des copies peuvent être faites pour les grands-parents et d'autres membres de la famille, moyennant un coût supplémentaire.

C'est un excellent cadeau de Noël.

103 IDÉES DE COLLECTE DE FONDS

19.

Bulbes ou graines de jardin
Il s'agit d'un autre événement pour lequel vous pouvez probablement trouver des organisateurs dans votre région.

Votre école vendrait à l'avance une variété de bulbes ou de graines avant la saison de plantation.

Vous feriez un bénéfice sur les ventes, mais pas sur la totalité du montant.

Les bulbes seraient livrés à l'école pour être distribués.

L'embellissement et la création d'un jardin dans votre école peuvent contribuer à renforcer la communauté et encourager les parents et les enfants à travailler ensemble.

Il pourrait s'agir d'un projet à part entière, auquel vous pourriez ajouter d'autres activités de collecte de fonds, comme une vente de saucisses et de hot-dogs.

103 IDÉES DE COLLECTE DE FONDS

20.

Calendriers
Vous pouvez demander à une société extérieure de créer un calendrier pour votre école. Là encore, elle se chargera de tout organiser et vous vendrez les calendriers à l'avance.

Vous demanderez à chaque classe de soumettre une œuvre d'art ou vous pourrez utiliser des photos de classe.

Si vous travaillez avec une entreprise, celle-ci vous fournira la documentation nécessaire, y compris les formulaires, et s'occupera de l'argent. Vous recevrez alors une partie des bénéfices réalisés sur les commandes passées.

Les calendriers terminés seront livrés à votre école et distribués.

Si vous préférez bricoler un calendrier et que vous disposez d'une excellente imprimante, vous pouvez créer un calendrier avec votre équipe en utilisant certaines des informations ci-dessus. Le design et le concept seront entièrement les vôtres et vous pourrez faire preuve d'une plus grande créativité.

Sinon, vous devrez trouver une imprimerie locale qui pourra relier le calendrier pour vous.

Si vous n'avez pas le budget nécessaire, vous pouvez réaliser un calendrier d'une page pour toute l'année, avec une photo ou un dessin en haut de chaque calendrier.

103 IDÉES DE COLLECTE DE FONDS

21.

Château gonflable

Ils peuvent être excellents si vous organisez un événement en plein air, mais vous devrez peut-être vous renseigner sur les licences, les assurances et les autres règles en vigueur dans votre municipalité.

De nombreuses entreprises louent des châteaux gonflables à la commission, c'est-à-dire que vous n'avez pas de frais initiaux mais qu'une fois que le montant de la location du château gonflable a été couvert, vous réalisez des bénéfices.

Il peut s'agir d'une activité de collecte de fonds risquée si le temps est mauvais et que votre événement se déroule en plein air.

En général, ce n'est pas une idée prometteuse si vous n'êtes pas dans un climat fiable.

103 IDÉES DE COLLECTE DE FONDS

22.

Parking pour voitures

Si votre école a la chance d'être située à proximité d'un stade, d'un parc, d'un concert ou d'autres lieux où le public se rassemble, il serait judicieux de prévoir un parking lorsqu'il est nécessaire (pour un jour ou un événement particulier).

Cela signifie que vous devriez être sur la liste de diffusion pour tous les événements qui pourraient avoir lieu près de chez vous. Cela signifie que quelques parents devront être sur place pour collecter l'argent et s'assurer que les voitures sont en sécurité pendant qu'elles participent à l'événement. De même, après l'événement, pour s'assurer que tout le monde sort et s'en va en toute sécurité.

Pour cette collecte de fonds, vous n'avez pas de frais généraux.

Il est préférable de planifier l'événement le week-end, lorsque l'école est fermée.

Il se peut que vous ayez besoin d'une assurance supplémentaire. Vérifiez toujours auprès de votre municipalité, de votre État ou de votre province avant de promouvoir votre événement.

103 IDÉES DE COLLECTE DE FONDS

23.

J ournée de gala

Une journée de gala est un événement de grande envergure qui peut englober plusieurs des idées de collecte de fonds susmentionnées.

Vous pouvez choisir celles qui conviennent à votre journée spéciale.

Il doit s'agir d'un événement en plein air, de sorte que la météo sera un facteur clé de votre succès.

Il doit comprendre une variété de jeux, d'événements, de nourriture et d'amusements, tels que

CHÂTEAUX GONFLABLES
LES MANÈGES DE FOIRE
ACTIVITÉS SPORTIVES
VENTE AU MARCHÉ AUX PUCES
DE LA MUSIQUE EN DIRECT.

Choisissez parmi ces 103 idées de collecte de fonds et élaborez votre programme pour la journée.

Dans ce cas, une scène sera nécessaire, avec des chaises et peut-être même une tente en cas de mauvais temps.

Un système de sonorisation ajouterait aux festivités et attirerait du monde à votre événement.

Une journée de gala peut être un événement annuel.

Une fois que vous aurez mis en place un système et que vous saurez ce qui fonctionne et ce qui ne fonctionne pas.

103 IDÉES DE COLLECTE DE FONDS

24.

S oirée cinéma

Il s'agit d'une collecte de fonds dans laquelle le personnel de l'école est directement impliqué et les parents sortent pour quelques heures.

Les enfants en pyjama sont déposés à l'école à l'heure prévue.

Les enfants se verront servir des pizzas et des boissons non alcoolisées et regarderont des films approuvés à l'avance.

Remarque : vérifiez à l'avance si les enfants n'ont pas d'allergies.

Une réservation préalable sera nécessaire et un montant convenu par famille sera perçu avant l'événement.

Des règles strictes doivent être mises en place.

Par exemple :

Les parents déposent les enfants à 17 heures.

Les parents récupèrent les enfants à 21 heures.

Le directeur et le personnel de l'école s'occuperont de vos enfants pendant les heures prévues. Un menu doit être convenu à l'avance, y compris les boissons, et les divertissements adaptés à l'âge des enfants doivent être sélectionnés et annoncés à l'avance.

L'école disposera des noms et numéros de téléphone de tous les parents, au cas où un enfant tomberait malade ou qu'un parent ne viendrait pas chercher son enfant à l'heure prévue.

Il s'agit d'une bonne activité de collecte de fonds dont les frais généraux sont extrêmement faibles.

C'est l'occasion pour l'école ou les chefs d'équipe d'offrir aux parents et aux bénévoles une soirée de repos.

103 IDÉES DE COLLECTE DE FONDS

25.

Nuits de casino
Cette soirée peut être organisée avec une série de jeux de hasard et de jeux d'argent.
Jeux de casino suggérés :
Table de blackjack
Table de poker
Roulette.
Si vous disposez d'un budget suffisant, vous pouvez louer des bandits manchots et les faire installer pour votre événement.
Si le budget est limité, vous pouvez également incorporer des jeux plus traditionnels :
Échecs
Backgammon
Trivial Pursuit
Monopoly.

Remarque : vous aurez probablement besoin d'une licence de jeu (et d'une licence d'alcool).

Ajoutez un peu de plaisir avec :

Prix de présence

Tirages au sort

Enchères silencieuses.

Si vous disposez d'un budget suffisant, vous pouvez faire appel à un traiteur pour organiser l'événement, ou le proposer en libre-service.

103 IDÉES DE COLLECTE DE FONDS

26.

Courses d'escargots
Pour cette collecte de fonds, vous avez besoin d'escargots vivants. Selon la période de l'année, vous pouvez en trouver dans votre jardin. Ne vous inquiétez pas, ils ne seront pas blessés.

Nous avons assisté à une soirée d'hommage à la France -

Ils l'ont appelée :

ESCARGOT LES COURSES.

Les participants choisissent un de vos escargots.

Un point est placé sur sa coquille pour que vous sachiez quel escargot appartient à quel concurrent.

Chaque escargot est placé sur la LIGNE DE DÉPART, dans une rangée.

FIXEZ UN CHRONOMÈTRE

À l'heure prévue, la course d'escargots commence.

Les concurrents sont autorisés à parler à leur escargot, mais pas à le toucher.

Le premier escargot à franchir la ligne d'arrivée gagne.

Le participant gagnant reçoit un prix.

Les escargots sont ensuite ramenés en toute sécurité dans le jardin.

Voir ci-dessus les moyens d'obtenir des dons de prix.

Vérifiez toujours les règlements auprès du conseil.

CONSEIL CLÉ N° 15

N'ajoutez pas l'événement à la soirée Trivia. Les escargots mettent beaucoup de temps à se déplacer - vous ne voulez pas que votre événement dépasse largement le temps alloué car de nombreux parents auront engagé une baby-sitter.

103 IDÉES DE COLLECTE DE FONDS

27.

Thé/café du matin ou de l'après-midi

Il s'agit d'une activité sociale agréable pour les parents et d'une bonne collecte de fonds.

Dons : sandwichs, gâteaux, biscuits, sachets de thé et lait peuvent être demandés aux parents.

Préparez une salle avec des tasses et de la vaisselle en porcelaine. Il est également utile d'avoir des nappes et des serviettes de table. Les parents de l'école peuvent également faire don de tous ces articles.

Faites payer un droit d'entrée.

Vous pouvez demander au directeur ou à certains parents de prendre la parole.

Les enfants peuvent se produire.

Il s'agit principalement d'un événement social permettant aux parents de faire connaissance tout en collectant des fonds pour l'école.

103 IDÉES DE COLLECTE DE FONDS

28.

Lancer de pièces/Rouler une pièce
Il s'agit d'un dérivé du jeu de la pièce de monnaie. Les participants lancent une pièce de monnaie en direction d'un prix spécifique et celui qui s'en approche le plus gagne le prix.

Une bouteille de champagne ou d'autres alcools peuvent être donnés et conviennent également à ce type de jeu. Pour les plus petits, un gros animal en peluche fera l'affaire.

Vérifiez toujours les règlements auprès du conseil municipal.

103 IDÉES DE COLLECTE DE FONDS

29.

Livres de cuisine
De nombreuses organisations peuvent vous aider à organiser une collecte de fonds. Une classe ou une école pourrait demander à ce que des recettes soient données pour en faire un livre. Les gens commanderaient alors les livres et une partie des bénéfices irait à l'école.

Des documents vous seront remis, ainsi que des délais, qui devront être strictement respectés.

Les frais généraux sont minimes, voire inexistants, si vous faites appel à l'une des entreprises spécialisées dans ce domaine.

FAITES-LE VOUS-MÊME
IMPRESSION
Elle peut être très coûteuse si vous vous y prenez seul.

Si vous disposez d'une bonne imprimante et d'un bon graphiste au sein de votre comité ou de votre groupe, et si vous avez beaucoup de temps libre, vous pouvez réaliser le livre vous-même.

Un imprimeur local ou une entreprise de photocopies peut vous aider dans votre entreprise.

Livre électronique

Si l'impression est trop difficile, vous pouvez concevoir et créer un livre de cuisine électronique. Il existe plusieurs programmes en ligne pour vous aider.

103 IDÉES DE COLLECTE DE FONDS

30.

Vin étiqueté

Il s'agit d'un autre événement organisé, au cours duquel vous vendez des bouteilles de vin.

Toutefois, dans ce cas, le principal argument de vente est que les étiquettes de vin reflètent le logo de votre école ou de votre équipe.

Pour ce faire, vous devez avoir un logo que l'entreprise pourra utiliser pour créer une étiquette appropriée, mais pour le reste, les choses se dérouleront à peu près de la même manière que pour la vente de vin ci-dessus.

Votre groupe peut également travailler avec une cave à vin locale et créer son propre vin et sa propre marque.

Comme indiqué ci-dessus, il est particulièrement important de tester le vin avant de laisser l'entreprise y apposer le logo de votre école ou de votre équipe.

103 IDÉES DE COLLECTE DE FONDS

31.

Tournois d'échecs
Si vous comptez quelques champions d'échecs dans vos rangs, il pourrait s'agir d'une matinée ou d'une après-midi amusante de collecte de fonds.

Demandez aux familles si elles peuvent faire don de leurs échiquiers pour les événements. Veillez à les étiqueter et à les rendre dans le même état qu'ils ont été reçus.

Vous pourriez vendre des billets pour assister aux tournois d'échecs.

Vous aurez besoin de prix pour le vainqueur du tournoi et peut-être aussi pour le deuxième joueur.

Vous pouvez solliciter des dons en suivant les instructions ci-dessus.

Vous pouvez acheter de la nourriture et des boissons non alcoolisées et les vendre (ou demander des dons pour ces articles).

Vous aurez besoin d'un animateur ou d'une personne qui veillera à ce que l'auditorium soit calme, à ce que les joueurs se déplacent et à ce que le temps imparti soit respecté.

Un chronomètre à alarme serait utile.

Vérifiez toujours les règlements auprès de votre municipalité ou de votre conseil municipal.

103 IDÉES DE COLLECTE DE FONDS

32.

C oncours d'orthographe
      Si vous souhaitez impliquer les enfants et créer un événement, le concours d'orthographe pourrait être une bonne option. Puisque vous disposez de l'établissement et d'une liste de contacts, tout ce dont vous avez besoin, c'est d'un appareil pour sélectionner les enfants de chaque classe qui participeront à l'événement. Le directeur de l'école pourrait être le maître de cérémonie. Cela pourrait également être un excellent moyen de rencontrer de nouveaux élèves potentiels et pour les parents de nouer des contacts.

Vous pouvez utiliser certaines des méthodes mentionnées ci-dessus pour obtenir des prix.

Vous pouvez également demander des dons pour de la nourriture et des boissons ou acheter et vendre ces produits dans le cadre de la collecte de fonds. Vous pouvez également organiser une grillade de saucisses et de hot-dogs.

Vous trouverez ci-dessus des idées pour compléter et maximiser les résultats de votre collecte de fonds.

103 IDÉES DE COLLECTE DE FONDS

33.

Soirée de devinettes musicales

Il s'agit d'une version d'une ancienne émission de télévision qui a été récemment révisée et qui s'appelle : « Name That Tune ».

Comme pour la soirée Trivia, vous demanderez aux participants de former des groupes et des équipes. Vous aurez également besoin d'un animateur.

Vous pouvez également engager un DJ ou organiser une liste de lecture à thème. Celles-ci peuvent facilement être diffusées par le biais d'un ordinateur ou d'un système de sonorisation.

Le but du jeu est de permettre aux équipes de deviner les paroles suivantes, le titre de la chanson, l'album dont elle est issue, l'année de sa sortie ou l'identité du chanteur ou du groupe.

Vous pouvez utiliser certaines des options de jeu proposées dans les suggestions d'événements ci-dessus.

Je vous suggère de choisir les éléments de la soirée Trivia que vous souhaitez inclure afin de maximiser les résultats de votre collecte de fonds.

La vente de billets à l'avance pour cet événement vous permettra de récolter un maximum de fonds.

Si vous avez déjà deux événements majeurs pour l'année, vous souhaiterez peut-être en faire un événement secondaire. Dans ce cas, il est préférable de ne pas trop compliquer les choses.

103 IDÉES DE COLLECTE DE FONDS

34.

Paniers-cadeaux
De nombreuses organisations préparent des paniers-cadeaux pour collecter des fonds et vous reversent une partie des bénéfices. Renseignez-vous en ligne pour savoir quel type de panier serait le plus vendu et quelle période de l'année conviendrait le mieux à votre collecte de fonds.

En faisant appel à une organisation qui se chargera de tout pour vous, la tâche devrait être relativement facile et les frais généraux devraient être exceptionnellement bas.

Une fois qu'ils vous ont envoyé les prospectus avec les coûts des paniers, vous envoyez des copies aux parents et ils commandent en conséquence.

FAITES-LE VOUS-MÊME
Vous n'êtes pas obligé de faire appel à une organisation extérieure.

Il peut s'agir d'un projet de type « Do-it-yourself », dans le cadre duquel vous demandez des dons à des entreprises locales et créez vos paniers-cadeaux. Vous créerez ensuite vos propres prospectus et/ou organiserez une journée d'événement au cours de laquelle les gens pourront acheter vos paniers-cadeaux.

Si vous les associez à un jour, à un événement ou à un thème spécifique, cela pourrait vraiment stimuler vos ventes.

Exemple : les paniers de la Saint-Valentin :

Paniers de la Saint-Valentin

Paniers de Noël

Paniers-cadeaux pour les vacances de mars.

103 IDÉES DE COLLECTE DE FONDS

35.

Cartes de vœux
Une autre collecte de fonds très appréciée, qui peut être organisée par des entreprises spécialisées dans ce domaine. Recherchez en ligne celle qui vous convient. En général, un paquet de cartes, qui peut être utilisé pour toutes les occasions, est le plus populaire.

Comme pour les autres collectes de fonds organisées, vous recevrez une partie des bénéfices et tout sera organisé pour vous.

Remarque : essayez de ne pas organiser trop de collectes de fonds au cours de l'année. Les parents ont un budget et les surprendre avec de nouveaux événements en permanence ne sera pas bien perçu.

Choisissez quelques événements qui, selon vous, seront bien accueillis. Soyez à l'écoute des réactions. Ne cherchez pas trop à collecter des fonds et ne contrariez pas les parents.

Essayez de vous diversifier et de collecter des fonds auprès d'autres sources.

103 IDÉES DE COLLECTE DE FONDS

36.

Collecte de biscuits
Une autre excellente collecte de fonds, qui est pratiquement organisée pour vous. Tout ce que vous avez à faire, c'est de trouver la société de collecte de fonds qui convient le mieux à votre école et de vous inscrire. Elle vous fournira tout ce dont vous avez besoin pour assurer le succès de votre campagne.

Comme indiqué ci-dessus, votre école/équipe recevra une partie des bénéfices.

Là encore, votre comité pourrait organiser un week-end de fabrication de biscuits et mettre en boîte et vendre les biscuits que vous avez vous-même confectionnés. Il s'agit là d'une excellente occasion de rassembler les gens et de renforcer le sentiment d'appartenance à un but et à une communauté.

Ajoutez-y du café et vous obtiendrez une collecte de fonds très lucrative.

N'oubliez pas de vous renseigner auprès de votre mairie ou de votre municipalité sur la manipulation des aliments ou sur les autres licences éventuellement nécessaires.

103 IDÉES DE COLLECTE DE FONDS

37.

Collecte de biscuits
Une autre excellente collecte de fonds qui est pratiquement organisée pour vous. Il vous suffit de trouver la société de collecte de fonds qui convient à votre école et de vous inscrire. Elle vous fournira tout ce dont vous avez besoin pour faire de votre campagne un succès.

Comme mentionné ci-dessus, votre école/équipe recevra une part des bénéfices.

Là encore, votre comité pourrait organiser un week-end de fabrication de biscuits et mettre en boîte et vendre les biscuits que vous avez confectionnés vous-même. C'est une excellente occasion de rassembler les gens et de renforcer le sens de l'objectif et de la communauté.

Ajoutez-y du café et vous obtiendrez une collecte de fonds très lucrative.

N'oubliez pas de vous renseigner auprès de votre mairie ou des autorités locales sur la manipulation des aliments ou sur toute autre licence éventuellement nécessaire.

103 IDÉES DE COLLECTE DE FONDS

38.

Arbre à billets de loterie à gratter

Nous l'avons évoqué dans le cadre de la soirée Trivia, mais ce jeu peut être un excellent moyen de collecter des fonds de manière autonome ou dans le cadre de n'importe quel événement de collecte de fonds.

Dans le bulletin d'information de votre école, demandez aux parents de donner des billets de loterie à gratter (un ou plusieurs). Parlez-leur de l'arbre à gratter et de l'événement, au cours duquel ils pourront enchérir et peut-être gagner tous les billets.

Rendez visite aux vendeurs de billets de loterie locaux, aux magasins du coin, etc., avec la lettre sur votre événement et demandez des dons pour l'arbre à gratter. Vous serez surpris du nombre d'entreprises qui feront don d'un ou deux billets.

Vous pouvez choisir d'organiser une vente aux enchères silencieuse ou une vente aux enchères lors de votre événement.

Si vous organisez une vente aux enchères plus tard dans la soirée, vous obtiendrez probablement le plus d'argent pour votre collecte de fonds.

Construction de l'arbre à gratter

Dessinez le contour d'un arbre. Si vous avez quelqu'un d'un peu artistique, il peut créer une œuvre d'art. Sinon, un simple contour d'arbre fera l'affaire.

Utilisez du ruban adhésif (et non de la colle) et placez les billets sur l'arbre un par un.

Un vrai arbre

Nous avons reçu un arbre en plastique en don pour notre collecte de fonds. Nous avons pu utiliser du ruban adhésif pour placer les billets sur les branches et l'arbre était très beau.

Le gagnant a remporté l'arbre lui-même et les billets.

N'hésitez pas à improviser.

103 IDÉES DE COLLECTE DE FONDS

39.

Soirée mystère
De nombreuses organisations peuvent organiser pour vous une soirée mystère ou whodunit. Certaines disposent de leurs propres installations, d'autres viennent chez vous. Vous devrez trouver un moyen de collecter des fonds auprès des participants.

L'avantage est qu'une société professionnelle organisera tout, ce qui garantira un excellent événement.

Voyez comment vous pouvez incorporer certains des jeux de collecte de fonds énumérés ici pendant la nuit pour maximiser votre expérience de collecte de fonds.

Si vous le souhaitez, vous pouvez organiser cette collecte de fonds en tant qu'événement DIY. Tout ce dont vous avez besoin, c'est d'imagination. Renseignez-vous sur ces événements en ligne et créez votre propre collecte de fonds.

N'oubliez pas de vérifier auprès de votre conseil municipal ou de votre municipalité s'il existe des règlements.

103 IDÉES DE COLLECTE DE FONDS

40.

Visite des magasins d'usine
Qui n'aime pas faire du shopping ? Surtout à l'approche de la période de Noël.

De nombreuses entreprises organisent tout pour vous, y compris le bus qui vous emmène d'un magasin d'usine à l'autre et qui vous permet de rester sur la bonne voie et de maximiser le nombre d'achats et de dépenses de votre groupe.

Une fois que vous aurez trouvé la société qui visite la variété de points de vente que vous pensez pouvoir vendre aux parents et aux amis de votre école ou de votre équipe, elle vous donnera toutes les informations qui vous aideront à inscrire les gens et à assurer la réussite de l'événement.

N'oubliez pas qu'il y a généralement un nombre minimum de personnes qui doivent s'inscrire pour que votre Shopping Tour soit rentable.

Votre école/équipe recevra un pourcentage des bénéfices provenant de l'argent dépensé.

Remarque : les magasins d'usine visités par votre école ou votre équipe font souvent don d'articles à votre circuit en fonction du montant que vous dépensez dans leur magasin. Ces articles peuvent constituer des prix pour vos invités et une bonne incitation à participer à votre tournée de shopping.

Il s'agit d'un excellent moyen de collecter des fonds en s'amusant. Une fois par an suffit généralement pour cet événement.

103 IDÉES DE COLLECTE DE FONDS

41.

Torchons

Il s'agit d'un excellent moyen de collecter des fonds, en particulier lorsque vos enfants entrent à l'école.

Il existe des entreprises qui organisent tout pour vous afin que vous puissiez collecter le plus d'argent possible.

À l'école

Les enseignants devront demander à chaque enfant de leur classe de dessiner un portrait d'eux-mêmes et de signer leur nom à côté. Tous ces dessins seront ensuite incorporés à un torchon portant le logo de l'école et l'année.

Les familles achètent beaucoup de ces torchons comme cadeaux pour les grands-parents, les oncles, les tantes, etc.

Votre école recevra une partie des bénéfices.

103 IDÉES DE COLLECTE DE FONDS

42.

Tatouages temporaires et maquillage
Les tatouages à coller sont très amusants et ne présentent aucun risque.

Vous pouvez demander des dons ou acheter un grand nombre de tatouages temporaires pour une somme modique.

Les enfants feront la queue pour recevoir un tatouage temporaire de leur personnage de film ou de dessin animé préféré.

Les frais généraux sont peu élevés, mais en raison de la demande, vous souhaiterez peut-être faire appel à 3 ou 4 bénévoles pour appliquer les tatouages.

Faites payer un montant minimal pour chaque tatouage.

En ce qui concerne la peinture sur visage, il est souvent assez facile de trouver des parents qui se portent volontaires pour peindre le visage des enfants dans le cadre d'une collecte de fonds et qui ont accès à un kit.

Si ce n'est pas le cas, vous devrez peut-être engager un maquilleur professionnel pour votre événement et fixer un pourcentage qui sera prélevé sur les bénéfices.

Ces deux éléments vont de pair et, pour tout événement d'une journée, ils attireront les familles et rendront les parents et les enfants incroyablement heureux.

103 IDÉES DE COLLECTE DE FONDS

43.

Défilé de mode

En tant que collecte de fonds, un défilé de mode peut être un événement complexe si vous n'avez pas accès à.. :

- d'une scène ou d'un podium

- Un styliste

- Les vêtements d'un styliste

- des mannequins

- Un maître de cérémonie

- Un photographe

- De la musique.

Le premier élément de la liste peut être créé avec une scène et en ajoutant une plate-forme à l'avant pour que les mannequins puissent se promener parmi le public.

Vérifiez les coûts avant d'aller plus loin et réglez les détails concernant l'assurance, l'accès à votre bâtiment, la location, l'installation et le ramassage après l'événement avant de passer à l'étape 2.

Si vous connaissez un jeune créateur dans votre région qui aimerait faire connaître sa ligne, cela pourrait être une bonne idée.

Si ce n'est pas le cas, vous pouvez vous associer à un magasin de mode local ou trouver une source connexe en ligne.

Votre collecte de fonds sera basée sur la vente de tenues données ou sur la perception d'un pourcentage sur les ventes de vêtements lors de votre défilé de mode.

Si vous n'avez pas accès à un styliste, ne passez pas à l'étape 3.

Si vous avez accès à un styliste, celui-ci pourra très probablement vous mettre en contact avec des mannequins. S'il existe une école de mannequins locale, vous pourrez peut-être demander à des volontaires de participer à votre événement en échange d'une visibilité. Les agences de mannequins peuvent être en mesure de vous aider et, si vous avez de la chance, elles vous enverront quelques volontaires. Dans le cas contraire, l'embauche de mannequins pourrait s'avérer très coûteuse.

Si vous avez mis en place les trois étapes ci-dessus, vous pouvez choisir une soirée pour votre événement et vous assurer que tout est en place pour cette soirée et cette heure.

Vous avez maintenant besoin d'un maître de cérémonie, qui sera en mesure de décrire (lire les descriptions) les mannequins et de veiller à ce que la soirée se déroule comme prévu. Le maître de cérémonie décrira également ce que portent les mannequins, afin de divertir le public pendant que les mannequins se changent, et de maintenir le rythme d'une vente aux enchères très animée.

Que serait une soirée de mode sans photographe ? Demandez à un volontaire de prendre des photos pendant la soirée.

Système de sonorisation. Outre le microphone du maître de cérémonie, vous aurez besoin de musique. Utilisez une liste de lecture sur votre téléphone ou un ordinateur portable avec des haut-parleurs. Tout dépend du budget.

Parrainage

Pour un événement d'une telle ampleur, vous pouvez solliciter le parrainage de quelques entreprises. Vous pouvez leur proposer une signalisation lors de l'événement, une exposition dans les médias sociaux et un certificat d'appréciation après l'événement. Faites attention aux entreprises que vous choisissez pour le parrainage, car vous ne voulez pas qu'il y ait de conflit avec votre concepteur.

Envoyez des invitations aux médias pour qu'ils viennent couvrir votre événement.

Vérifiez si le vin, la bière et la nourriture peuvent être vendus sur le lieu de l'événement. Si c'est le cas, vous pouvez demander un prix d'entrée plus élevé. Je vous recommande également de demander des dons de prix. Veuillez suivre les instructions ci-dessus concernant la soirée Trivia.

Si le créateur accepte de faire don de plusieurs tenues, celles-ci peuvent être mises aux enchères pendant que les mannequins défilent.

Remarque : les membres du public peuvent ne pas avoir la même taille que le mannequin qui défile. Parlez-en à l'avance avec le créateur. S'il est disposé à créer la tenue sur mesure pour l'enchérisseur gagnant, cela augmentera vos résultats globaux. Si vous travaillez avec un magasin local, il pourra vous indiquer les tailles disponibles.

N'oubliez pas de vous renseigner sur les licences et les assurances auprès de votre municipalité.

Il s'agit d'un événement de grande envergure qui nécessitera un maximum de planification, mais les résultats en vaudront la peine si tout est géré et si votre événement est présenté dans un format qui sera bien perçu.

Une fois que vous aurez mis en place un système pour votre événement, le suivant sera plus facile.

LE JOUR DE LA VENTE

Attendez-vous à ce que les gens fassent une offre. Soyez prêt à négocier. Vous ne voulez pas que tous les invendus soient stockés pour la prochaine vente. Cependant, ne descendez pas trop bas, après tout le travail que vous avez fourni, vous voudrez obtenir les meilleurs résultats.

Remarque : il y aura des personnes qui resteront jusqu'à la fin de la vente et qui voudront obtenir le prix le plus bas possible pour un article. Décidez si vous pouvez le vendre lorsque vous organiserez à nouveau l'événement, sinon débarrassez-vous-en pour ce que vous pouvez en tirer.

Renseignez-vous auprès du conseil municipal sur les permis ou les licences nécessaires à l'organisation de votre événement. Ajoutez des éléments provenant des suggestions ci-dessus. Plus vous organisez d'événements sur le site, plus les gens resteront longtemps sur place.

Si vous le souhaitez, vous pouvez vendre des emplacements pour que d'autres personnes puissent également vendre leurs articles.

Voir la vente de bottes de voitures (point suivant) pour savoir comment cela pourrait fonctionner.

103 IDÉES DE COLLECTE DE FONDS

44.

Vente de l'éléphant blanc

Une vente d'éléphants blancs est une sorte de gigantesque vide-grenier communautaire - sans le garage.

Étant donné qu'il s'agit d'un événement dépendant des dons, il est préférable de l'organiser tous les deux ou trois ans.

Pour cet événement, vous demandez aux parents et aux amis de donner des objets dont ils n'ont plus besoin ou qu'ils n'utilisent plus. Ces objets, qu'ils donneraient souvent à des organisations caritatives ou qu'ils jetteraient, seront conservés et donnés à l'école ou à l'équipe dans le cadre d'une collecte de fonds.

La première chose dont vous aurez besoin est du STOCKAGE. J'entends par là un stockage massif. Vous trouverez de tout, des tapis roulants aux berceaux en passant par les éviers et les jouets. Beaucoup de jouets et d'animaux en peluche. Si votre école peut vous allouer un espace de stockage, je vous conseille de participer à cet événement.

À moins que vous ne disposiez d'un énorme garage vide qui n'attend que d'être rempli, je vous suggère de le garder dans l'enceinte de l'école et de le trier pour le préparer à la vente.

Gardez à l'esprit que si vous le déplacez hors du site, vous devrez le transporter à nouveau et croyez-moi, vous obtiendrez beaucoup de dons.

Placez des affiches autour de l'école et dans le bulletin d'information pour demander des dons pour votre vente d'éléphants blancs. Demandez à ce que les dons soient déposés à des heures précises. Avant l'école et après l'école, cela fonctionne bien. Vous ne voulez pas que le dépôt des articles interfère avec le programme scolaire ou avec l'emploi du temps du personnel et/ou de la journée. Des membres de votre équipe devront être disponibles pour déplacer les objets dans les entrepôts. Cette tâche peut s'avérer amusante pour les bénévoles, car ils ont l'occasion de voir les dons pour la première fois. Établissez une règle interdisant à quiconque d'acheter des articles avant le jour de la vente.

Il peut être utile de dresser une liste d'articles au fur et à mesure de la collecte ou, si vous préférez, de l'organiser la veille.

Évaluez et réévaluez.

Si vous avez un millier d'objets à vendre la veille, vous aurez besoin de beaucoup d'aide.

Une fois que vous avez les articles, vous devez leur attribuer un prix. Pour ce faire, vous pouvez acheter des autocollants et étiqueter chaque article ou créer des zones spécifiques pour les articles, qui seront gérées par une équipe d'une ou deux personnes.

103 IDÉES DE COLLECTE DE FONDS

45.

Vente de coffre de voiture
Il s'agit d'une sorte de vide-grenier communautaire, mais au lieu d'attribuer des emplacements, les personnes vendent dans le coffre de leur voiture. Les samedis et dimanches sont les meilleurs jours pour les ventes de voitures. Annoncez votre événement dans les journaux locaux, sur les sites web communautaires en ligne et demandez aux gens s'ils veulent acheter un stand.

Fixez des prix raisonnables pour vos articles et vous les vendrez en un rien de temps.

En tant qu'organisateur de cet événement, vous devez vendre des emplacements à l'avance, car vous disposez d'un espace limité.

Vérifiez si des permis ou des licences sont nécessaires avant de commencer.

Si vous préférez ne pas avoir de véhicules sur le terrain de l'école, vous pouvez organiser la vente sur le parking. Si le parking n'est pas assez grand pour que cela en vaille la peine, je vous suggère d'attribuer des parcelles de terrain. Vous pourrez ainsi vendre un petit terrain et un grand terrain.

Vos vendeurs se chargeront eux-mêmes de la mise en place ; vous pouvez indiquer les emplacements à l'aide de ruban adhésif ou de craies sur le trottoir. Les vendeurs fournissent leur propre monnaie et s'occupent eux-mêmes de leurs articles, qu'il s'agisse de l'installation ou de l'entretien.

Il serait utile d'avoir des toilettes sur place, si possible, pour les vendeurs s'il s'agit d'un événement qui dure toute la journée.

Pour collecter des fonds supplémentaires et attirer les gens, il est vivement recommandé d'organiser une grillade de saucisses ou de hot-dogs. Si vous le souhaitez, vous pouvez ajouter d'autres éléments de la liste ci-dessus qui soient adaptés aux enfants.

103 IDÉES DE COLLECTE DE FONDS

46.

Marché aux puces
Avec un marché aux puces, votre champ d'action est un peu plus large que celui d'un vide-grenier ou d'une vente de garage. Vous pouvez vendre à des détaillants professionnels et proposer une grande variété d'articles à la vente.

Dans ce cas également, vous devez vous renseigner auprès du conseil municipal sur les licences et les assurances.

Vous pouvez faire de la publicité dans les journaux locaux et dans les colonnes d'événements communautaires en ligne pour les détaillants ou les personnes qui souhaitent vendre leurs produits faits à la main. Vous pouvez proposer des stands de différentes tailles, mais les détaillants seront responsables de l'installation, du démontage et de la vente/de l'encaissement de leurs articles.

Vous devrez avoir du personnel sur place et vous aurez besoin d'une grande surface pour un marché aux puces où il peut y avoir beaucoup de circulation (marche et stationnement). Vérifiez auprès du conseil municipal s'il n'a pas quelque chose dans un endroit central qu'il pourrait vous donner ou dont il pourrait réduire le coût pour votre événement de collecte de fonds.

Si vous le souhaitez, vous pouvez ajouter des éléments ci-dessus, y compris le stand de marketing de votre école ou de votre équipe. Plus vous ajoutez d'éléments, plus vous gagnez d'argent, mais plus la tâche devient compliquée.

103 IDÉES DE COLLECTE DE FONDS

47.

Bowling pieds nus
Il s'agit du boulingrin avec un nom amusant. Contactez votre centre local de boulingrin et demandez-lui s'il loue ses installations pour des événements de collecte de fonds. Vérifiez s'il est prêt à offrir l'espace à votre événement gratuitement ou à un prix réduit.

Si le centre de boulingrin est éclairé, il est préférable d'organiser votre événement en soirée afin de ne pas perturber la clientèle habituelle.

Demandez-lui s'il peut ouvrir son kiosque et le gérer, et vous donner un pourcentage des bénéfices des ventes ou, s'il fait don de l'installation à votre événement et qu'il est lui-même un organisme à but non lucratif, il pourrait également collecter des fonds pour son installation. Tout le monde y gagne.

Après avoir choisi une date et une heure, incluez des informations sur votre événement dans le bulletin d'information de votre école. Vendez des billets pour les familles.

Cherchez à obtenir des dons pour les prix. Repensez aux suggestions de la soirée Trivia.

Les chaussures sont bien sûr enlevées et tous les joueurs jouent pieds nus. C'est plus amusant pour toute la famille.

Ajoutez des éléments comme la peinture sur visage, des tatouages amovibles si l'installation le permet.

N'oubliez pas de vérifier auprès du conseil municipal si des permis ou des licences sont nécessaires.

103 IDÉES DE COLLECTE DE FONDS

48.

Bowling sur piste
  Il s'agit d'un jeu de quilles dans votre établissement local.

Vous devrez négocier la prise en charge de l'ensemble de l'établissement un jour donné, dans le cadre d'une collecte de fonds.

Vous ferez venir les joueurs de bowling pour un montant convenu (y compris le dîner ou les collations si l'établissement en propose) et votre école prélèvera un pourcentage sur le total des ventes.

Si vous avez un bowling communautaire et qu'il est d'accord, cela devrait être relativement facile à vendre pour les familles de votre école ou de votre équipe, avec peu ou pas de frais généraux. En prime, il y aurait beaucoup de places de parking disponibles sur le site.

Vérifiez auprès du conseil municipal si des permis, des licences ou des assurances sont néccssaires.

103 IDÉES DE COLLECTE DE FONDS

49.

Recherche d'idoles
De nombreuses stars peuvent être découvertes lorsque votre communauté organise une recherche d'idoles locales - y compris Justin Bieber.

Pour organiser votre propre événement pour votre école, vous devrez demander à des bénévoles, à des chanteurs et à des groupes de se produire en public afin de remporter le titre de *« Name of Your School or Team Goes Here* Idol *» (nom de l'école ou de l'équipe)*. Vous pouvez demander un droit d'entrée si vous le souhaitez.

Une fois que vous aurez choisi une date et un lieu, vous aurez besoin d'un groupe qui se produira bénévolement pendant la soirée (ou que vous pourrez payer) et/ou d'une machine à karaoké.

Cette dernière solution fonctionnera toujours et les personnes qui ont un peu le trac n'auront pas à craindre d'oublier les mots (contrairement à ce qui se passe généralement dans les émissions télévisées).

Envoyez des lettres et demandez des dons pour les prix (voir les informations sur les prix de la soirée Trivia ci-dessus).

Demandez à un parent d'être le maître de cérémonie, ou au principal ou à l'entraîneur de jouer ce rôle.

Un microphone sera nécessaire.

Les juges

Vous aurez besoin d'un minimum de trois juges. Ils peuvent noter les performances ou utiliser les applaudissements du public comme indicateur.

Vous aurez besoin de nombreuses chaises, si vous n'en avez pas déjà, vérifiez auprès d'une salle locale ou d'une autre école voisine si vous pouvez emprunter les leurs. Dans tous les cas, vous devrez demander aux parents de vous aider ou faire transporter les chaises par un camion.

NOURRITURE ET BOISSONS

Vous pouvez choisir de vendre des boissons non alcoolisées, de la nourriture, etc., si vous le souhaitez, et demander des dons ou acheter ces articles. Vous aurez besoin d'une personne pour tenir ce stand et collecter l'argent.

Un fonds de monnaie doit être disponible et enregistré afin d'être remboursé après l'événement.

Enregistrement

Si vous le pouvez, demandez à un professionnel de filmer l'événement. Les parents feront la queue pour avoir une bonne copie du chant de leur enfant. Vous pouvez rendre ces enregistrements disponibles sur DVD pour une somme modique.

Comme d'habitude, vérifiez auprès du conseil municipal si des licences ou des assurances supplémentaires sont nécessaires.

103 IDÉES DE COLLECTE DE FONDS

50.

Recherche de talents

Cette collecte de fonds s'apparente à la recherche d'idoles, mais à une échelle beaucoup plus grande, puisque vous demanderez aux candidats de s'inscrire et de gagner un prix en dehors de votre école ou de votre équipe.

Pour cet événement, vous aurez besoin d'une salle plus grande, d'une scène et d'un système de sonorisation plus puissant. La plupart des grandes installations disposent de nombreuses chaises, sinon vous devrez les louer ou les faire venir. Vous trouverez des suggestions à ce sujet sous l'onglet « Recherche d'idoles ». Vous pouvez vous renseigner à ce sujet et voir quelles sont les options disponibles avant d'aller plus loin.

Je vous recommande également de vérifier les licences, assurances et permis nécessaires.

Une fois que vous disposez de tous ces éléments, choisissez une date.

Commencez à promouvoir l'événement par des moyens gratuits tels que les médias sociaux, les journaux locaux et les calendriers d'événements en ligne. Contactez également les stations de radio locales, car il s'agit d'un événement lié à la musique et les stations de radio sont généralement très soucieuses de la communauté.

Vous pouvez également demander à une célébrité locale de la station de présenter l'événement ou d'être l'un des juges. Vous devriez avoir deux ou trois juges au total pour l'événement.

Pour la musique, vous pouvez engager un groupe local ou opter pour le karaoké. C'est à vous de décider comment vous voulez créer un réseau dans votre région.

Frais d'inscription

Fixez un droit d'entrée convenable pour les participants et demandez le paiement à l'avance.

Commencez maintenant à demander des prix et à vendre des billets pour votre événement.

Décidez si vous voulez organiser des jeux de collecte de fonds à partir de cette liste pendant que les juges délibèrent.

Si vous pouvez obtenir la plupart des dons, vous pourrez maintenir vos frais généraux à un niveau relativement bas.

103 IDÉES DE COLLECTE DE FONDS

51.

Comedy Club

Il s'agit d'une combinaison de la recherche d'idoles et de la recherche de talents, mais spécifique à la catégorie des comédiens.

Si vous ouvrez cet événement au grand public, vous voudrez peut-être vous installer dans un établissement où l'on vend de l'alcool et de la nourriture afin de maximiser la portée de votre collecte de fonds.

Suivez les étapes des deux dernières manifestations de collecte de fonds pour obtenir de la publicité, un animateur et des juges.

Vous pourrez peut-être travailler directement avec un établissement qui organise régulièrement ce type d'événement et prendre une partie des bénéfices. De meilleurs prix attireront plus de participants. N'oubliez pas de demander un droit d'entrée intéressant.

Il est également recommandé d'avertir les participants que le contenu est réservé aux personnes âgées de plus de 18 ans.

N'oubliez pas de vérifier auprès du conseil municipal si des assurances, des licences, etc. sont nécessaires.

103 IDÉES DE COLLECTE DE FONDS

52.

Journée des jeux
Vous devez tout d'abord décider du type de jeux que vous souhaitez organiser. Souhaitez-vous que votre journée de jeux se déroule à l'extérieur ou à l'intérieur ? Dans les deux cas, vous devez vérifier si vous aurez besoin de licences ou de permis de la part du conseil municipal ou de la municipalité.

Jeux en plein air
Vous pouvez installer une piste olympique et inviter les enfants de votre école à se disputer des rubans. Cependant, vous n'êtes pas obligé d'inclure de véritables jeux olympiques.

Voici quelques suggestions :

- La plus grosse bulle de chewing-gum

- Course à relais

- Le mangeur de pop-corn le plus rapide

- Course à la cuillère et à l'œuf

- Course à trois jambes

Faites preuve d'imagination. Dressez la liste des choses dont vous aurez besoin et demandez des dons pour les prix. Créez des équipes d'enfants. Invitez les parents à venir et vendez de la nourriture et des boissons. Vous pouvez ajouter d'autres éléments de la liste ci-dessus si vous souhaitez collecter des fonds à plus grande échelle.

Plan de secours en cas de pluie...

Jeux d'intérieur

Installez une variété de jeux de société tels que le Trivial Pursuit, les échecs, le jeu de la vie, les charades, etc. Il peut s'agir d'un événement réservé aux adultes, où les participants passent d'une table à l'autre ou d'un jeu à l'autre. Le gagnant remporte le plus grand nombre de points à la fin de la soirée.

Vous pourriez en faire un événement « BYO Wine » où vous vendriez des verres à vin. Vous souhaiterez peut-être inclure de la nourriture. Demandez des dons pour tout ce qui précède.

L'ampleur de la collecte de fonds est laissée à votre appréciation. Vous pouvez même organiser une collecte de fonds à domicile en invitant des amis. Si plusieurs familles organisaient un tel événement chez elles et demandaient un droit d'entrée, cela pourrait être une bonne petite collecte de fonds avec peu de frais généraux.

103 IDÉES DE COLLECTE DE FONDS

53.

Course amusante

Cet événement peut être aussi simple ou aussi complexe que vous le souhaitez, mais je vous conseille de rester simple si vous collectez des fonds pour une école ou une équipe.

Après avoir choisi l'itinéraire et la distance de votre événement, vous devrez le soumettre au conseil municipal en ce qui concerne l'assurance, l'enregistrement ou tout autre permis nécessaire. Cela est particulièrement important si vous utilisez des rues ou des lieux accessibles au public, tels que des parcs.

Vous pouvez également créer un itinéraire et une distance dans l'enceinte de votre école. Il vous suffit de tracer des lignes à la craie ou des pylônes pour délimiter l'espace.

Choisissez une date et une heure pour votre événement et créez une feuille de parrainage que vous enverrez à vos élèves ou aux membres de votre équipe. La feuille de parrainage doit indiquer la distance ou la durée pendant laquelle l'élève ou le membre de l'équipe peut être parrainé.

Vous pouvez inclure une lettre ou un paragraphe expliquant pourquoi vous organisez une course pour le plaisir et à quoi servira l'argent. Indiquez également que les enfants auront la possibilité de gagner des prix et que ce sera une journée amusante pour toute la famille. Si vous divisez les enfants en petites équipes, vous pouvez leur demander de porter une certaine couleur le jour de l'événement. L'organisation d'un événement par équipe et l'attribution de prix rendront la journée plus amusante pour tous.

Vous devrez acheter des rubans pour les[1er],[2e] et[3e] prix. Je recommanderais également des prix pour les équipes. Vous devriez demander aux entreprises locales de vous faire des dons pour ces prix.

Vous souhaiterez peut-être incorporer d'autres idées de collecte de fonds de cette liste, comme la vente de saucisses et de hot-dogs, ou vendre des boissons non alcoolisées. Voyez si vous pouvez obtenir des bouteilles d'eau en don, car les coureurs en auront besoin en abondance.

Après l'événement, récupérez l'argent des sponsors et remerciez tous ceux qui ont fait des dons en leur remettant un certificat d'appréciation.

103 IDÉES DE COLLECTE DE FONDS

54.

Demander de l'argent ou des dons

Besoin d'argent ? Besoin de dons ?

Il suffit de **le demander** directement.

Envoyez une lettre ou un courriel indiquant aux parents ce qui est nécessaire et leur demandant de contribuer.

La collecte de fonds demande beaucoup de temps - et beaucoup d'aide.

Souvent, on finit par trouver des moyens amusants d'impliquer les parents et la famille - et c'est donc une façon de dire, ce sera notre seule collecte de fonds cette année et nous avons besoin de tel et tel montant de la part de chacun des parents cette année.

Si nous atteignons nos objectifs de collecte de fonds pour cette année, aucune autre collecte de fonds (ou bénévolat) ne sera nécessaire cette année.

C'est direct et efficace.

103 IDÉES DE COLLECTE DE FONDS

55.

Journée de pique-nique

Il peut être difficile de rentabiliser un tel événement sans y ajouter des éléments de collecte de fonds tels que des châteaux gonflables, de la peinture sur visage, des tatouages amovibles, etc.

L'idée de base est cependant de réunir tous les membres de l'école ou de l'équipe pour partager un repas en plein air (si cela est autorisé) et nouer des contacts.

Les événements de ce type encouragent l'implication et l'amitié et sont amusants pour toutes les personnes impliquées, mais une petite collecte de fonds en marge de l'événement peut être un bonus supplémentaire.

103 IDÉES DE COLLECTE DE FONDS

56.

Journée sportive

Une journée sportive est similaire à une journée de jeux, mais vous pouvez vous concentrer sur le sport le plus populaire de la saison.

Les enfants peuvent porter leur uniforme et s'affronter dans de petits jeux, l'équipe gagnante passant au tour suivant.

L'équipe gagnante passe au tour suivant. Vous pouvez demander des prix et des parrainages si vous le souhaitez, mais vous devez absolument prévoir des prix (ou des rubans) pour les équipes gagnantes.

Vous pouvez organiser d'autres activités de collecte de fonds, comme un barbecue (grillades de saucisses et de hot-dogs), vendre des boissons non alcoolisées et des pâtisseries.

Vérifiez toujours s'il y a des licences, des assurances ou d'autres autorisations requises par les autorités locales.

103 IDÉES DE COLLECTE DE FONDS

57.

Lavage de voitures
Il s'agit d'un événement assez facile à organiser ; tout ce dont vous avez besoin, c'est de seaux d'eau, de savon, de shammies, d'éponges et d'un grand nombre de bénévoles.

Cependant, pour maximiser votre journée de collecte de fonds, tout se jouera sur les points suivants

L'emplacement L'emplacement.

Approchez un endroit très fréquenté, comme une épicerie, et demandez si vous pouvez en installer un dans le stationnement.

Même s'ils vous en donnent la permission, vous devrez quand même vérifier si le conseil municipal exige des licences ou des assurances particulières. Vous devrez peut-être aussi vous procurer des pylônes pour délimiter votre zone et assurer la sécurité de vos bénévoles.

Si vous avez un (ou deux) bénévole(s) prêt(s) à se déguiser avec une pancarte ou un panneau sandwich et à interpeller les clients potentiels, c'est un excellent moyen d'attirer des inconnus à votre événement de lavage de voitures.

Faites également une promotion interne auprès de votre école ou de votre équipe par le biais de courriels et de bulletins d'information.

Contactez les journaux locaux et les stations de radio pour les informer de votre événement.

Créez une page d'événement sur Facebook et Twitter.

Affichez votre événement sur les calendriers locaux. Veillez à ce que la signalisation soit claire en ce qui concerne les coûts.

Assurez-vous d'avoir un flotteur pour faire de la monnaie et indiquez qu'il n'y a que des espèces, sauf si vous avez accès à des distributeurs de cartes de crédit/débit.

MISE A JOUR : ASSURANCE

La plupart des lieux qui conviennent à cet événement sont assurés - mais l'assurance couvrira-t-elle votre événement ?

Si vous pouvez organiser l'événement sur le terrain de l'école, il est facile de s'assurer que vous disposez de la bonne police d'assurance puisque toutes les activités des étudiants sont couvertes. Vérifiez toutefois que la couverture est étendue aux événements organisés en dehors des heures de cours.

Si vous êtes dans une épicerie, cela vaut la peine d'envisager de souscrire une assurance pour les événements. Vérifiez auprès du gérant que votre école/équipe est couverte en cas de glissade.

Lorsque vous contactez votre assureur, dites-lui que vous organisez une collecte de fonds pour un lave-auto. Il vous conseillera au mieux sur les conditions à remplir.

103 IDÉES DE COLLECTE DE FONDS

58.

Tournoi de golf

La planification est la clé d'un tournoi de golf réussi et vous devrez réserver votre date auprès de votre terrain de golf local bien à l'avance pour votre événement de collecte de fonds. Vous pouvez également opter pour une activité plus modeste en organisant une collecte de fonds sur un terrain de mini-golf. Vérifiez quelles sont les options disponibles dans votre région et n'oubliez pas de vous renseigner sur les permis, les licences et les frais auprès du conseil municipal.

Une fois la date et l'heure fixées, commencez à demander des sponsors. Pour un tournoi de golf organisé dans un Country Club local et bien connu, vous pourrez vous adresser aux grands sponsors tels que les concessionnaires automobiles, les médias locaux, etc. Il est possible que vous souhaitiez établir une classification des sponsors (or, argent et bronze) et que vous souhaitiez absolument offrir des prix de grande envergure. Certains tournois de golf offrent même une voiture.

La création d'un site web est essentielle pour votre événement. Encore une fois, il s'agit d'un événement à grande échelle et vous aurez besoin de beaucoup de bénévoles et de ressources pour le mener à bien.

Faites payer des frais d'inscription aux golfeurs. Assurez-vous d'inclure tous les éléments qui seront couverts par les frais d'inscription, par exemple : Clubs, journée de golf, voiturette, nourriture (déjeuner ? dîner ?), t-shirts, chapeaux, alcool, vente aux enchères silencieuse, tirages au sort, prix de présence, etc.

Votre événement doit comprendre de nombreux prix et des possibilités de collecter des fonds supplémentaires par le biais de compléments tels qu'une vente aux enchères silencieuse et des tirages au sort. Vous devez solliciter des dons en plus des sponsors (pour des conseils utiles, reportez-vous à l'événement de collecte de fonds « Trivia Night »).

103 IDÉES DE COLLECTE DE FONDS

59.

Chasse au trésor

Cette activité peut facilement être organisée après l'école pour collecter des fonds, ou si vous souhaitez y consacrer une journée entière, c'est également possible. Il est recommandé d'utiliser l'enceinte de l'école ou un parc voisin après avoir vérifié auprès du conseil municipal les autorisations, les licences, etc.

Pour la chasse au trésor proprement dite, il est possible de faire payer un droit d'entrée si la chasse est organisée au sein de l'école ou de l'équipe. Si vous souhaitez organiser une collecte de fonds plus importante en autorisant des équipes extérieures et en offrant des prix très importants, il est alors recommandé de demander un droit d'entrée.

Une fois les dates fixées, assurez la promotion par les moyens habituels et faites appel à des sponsors importants en utilisant les outils disponibles ci-dessus pour la soirée

Trivia. Créez une promotion sur Facebook/Twitter et contactez les médias locaux.

Une fois que vous aurez collecté une grande variété de prix, vous devrez planifier une carte et mettre en place des indices tout au long du parcours.

L'équipe (ou la personne) gagnante recevra un prix. Vous pouvez également remettre un prix au second.

Après la chasse au trésor, vous pouvez incorporer d'autres éléments tels qu'une grillade de saucisses et de hot-dogs et vendre des boissons non alcoolisées, etc.

103 IDÉES DE COLLECTE DE FONDS

60.

Devinez qui est le bébé contenu dans la photo

Il s'agit d'une collecte de fonds strictement interne.

Vous demandez à tous les enfants de votre école ou de votre équipe d'apporter des photos de bébé et vous les affichez sur un grand tableau avec des photos d'hier et d'aujourd'hui, mais vous ne les gardez pas ensemble - vous les mélangez.

L'événement peut se dérouler le soir ou l'après-midi et vous pouvez y incorporer de la nourriture (des amuse-gueules ou quelque chose de plus élaboré, c'est à vous de décider) et des boissons, y compris du vin ou des boissons non alcoolisées, en fonction des autorisations et des licences accordées par le conseil municipal et de vos objectifs de collecte de fonds.

Les parents paieront un droit d'entrée pour la soirée et vous pourrez ajouter d'autres jeux de la liste ci-dessus afin d'en faire une soirée.

Vous aurez besoin de dons pour les prix et vous pourrez peut-être obtenir le parrainage d'une entreprise locale pour votre événement. Une entreprise liée à l'appareil photo, à la photographie ou au téléphone serait bien placée pour offrir le premier prix.

Vous devrez dresser une liste numérotée des photos de l'époque sur le tableau.

Vous devrez dresser une liste alphabétique des photos du jour sur le tableau. Laissez du papier et des stylos ou des crayons sur chacune des tables. Demandez aux participants d'associer les Thens et les Nows aux chiffres et à l'alphabet.

Le gagnant devra associer le plus grand nombre de photos correctes des tableaux « Hier » et « Aujourd'hui ».

Vous pouvez également décerner un prix à la personne qui a trouvé le plus grand nombre de photos incorrectes.

103 IDÉES DE COLLECTE DE FONDS

61.

Concours « Qui a un lien de parenté avec qui ? »
Il s'agit d'une extension de la collecte de fonds précédente et vous pouvez l'utiliser avec l'idée de collecte de fonds n° 60 ou la considérer comme un événement à part entière.

La différence est que vous disposez d'une photo de bébé de l'enfant et d'une photo de l'un des parents lorsqu'il était bébé.

Les participants doivent faire correspondre les photos du bébé et du parent.

Tous les autres éléments de l'idée de collecte de fonds n° 60 peuvent être incorporés ici.

103 IDÉES DE COLLECTE DE FONDS

62.

Stand d'artisanat de Noël

À l'approche de Noël, nous avons tous tendance à faire preuve d'un peu de créativité et d'artisanat, et c'est une façon d'utiliser vos talents artistiques pour collecter des fonds.

Après avoir choisi la date et l'heure de votre événement, demandez aux parents de commencer à trouver des idées de bricolage et de faire des dons pour votre collecte de fonds.

Il est vrai que les parents dépenseront de l'argent et que certains rachèteront même leurs propres articles au stand. Il est bon qu'il y ait un événement local dans votre ville auquel vous pouvez participer, ou vous pouvez simplement organiser votre événement dans votre école.

Si vous pouvez demander aux enseignants d'inviter les enfants à créer des objets artisanaux en classe, les parents les achèteront également.

Il est également bon d'ajouter d'autres événements de la liste, je vous laisse décider de l'ampleur de votre collecte de fonds.

N'oubliez pas de vérifier auprès du conseil municipal si des permis ou des licences sont nécessaires.

« *La paix sur terre ne sera possible que si nous vivons Noël tous les jours.*"

Helen Steiner Rice

103 IDÉES DE COLLECTE DE FONDS

63.

S tand de la Saint-Valentin

Après avoir choisi le jour de votre événement, demandez aux parents de faire des dons et vous serez surpris de ce que vous recevrez. Comme pour certaines des idées ci-dessus, vous aurez peut-être besoin d'un espace pour tout stocker avant la vente. Si ce n'est pas le cas, je vous suggère de passer à une autre idée.

Il est bon d'intégrer une vente de pâtisseries à cet événement et de demander aux parents de faire des dons de produits alimentaires. Reportez-vous à la suggestion n° 9 pour trouver des idées.

Comme toujours, vérifiez à l'avance auprès du conseil les licences, les permis, les assurances, etc.

Vous devrez fixer le prix de tous les produits à l'avance et il est recommandé de faire appel à une personne de confiance.

L'organisation d'un événement au sein de l'école ou de l'équipe n'est pas aussi rentable, mais elle permet de limiter les frais généraux et les enfants apprécient le shopping et la journée. Pour la fête des mères ou la fête des pères, les enfants cherchent un cadeau à offrir et si vous informez les parents à l'avance de votre stand, ils enverront les enfants à l'école avec un peu d'argent.

Ce type de stand peut être utilisé pour n'importe quelle journée que vous préférez, avec peu de frais généraux et peu de travail si vous le gardez interne à votre groupe.

103 IDÉES DE COLLECTE DE FONDS

64.

Stand de la fête des mères

Il s'agit d'une extension de la suggestion n° 65.

Si vous disposez d'un budget, vous pouvez acheter de très jolis articles dans un magasin à un dollar ou constituer de petits paniers.

Vous pouvez également demander un don de bouquets de fleurs.

Pour la fête des mères, les enfants cherchent un cadeau à offrir et si vous informez les parents à l'avance de votre stand, ils enverront les enfants à l'école avec un peu d'argent.

C'est une façon amusante pour les enfants de pouvoir « faire les courses » pour maman sans la présence d'un adulte. C'est très excitant pour eux de choisir eux-mêmes quelque chose pour vous.

N'oubliez pas de vérifier auprès du conseil municipal si des permis ou des licences sont nécessaires.

103 IDÉES DE COLLECTE DE FONDS

65.

Stand pour la fête des pères

Il s'agit d'une extension des suggestions n°64 et n°66.

Pour la fête des pères, les enfants cherchent un cadeau à offrir et si vous informez les parents à l'avance de votre stand, ils enverront les enfants à l'école avec un peu d'argent.

C'est une façon amusante pour les enfants de faire des achats pour papa sans la présence d'un adulte. C'est passionnant pour eux de choisir eux-mêmes quelque chose pour vous.

103 IDÉES DE COLLECTE DE FONDS

66.

Fête d'Halloween

De nombreux parents sont préoccupés par le fait que leurs enfants sortent pour faire du porte-à-porte et préfèrent que leurs enfants participent à une fête d'Halloween. Pourquoi ne pas en faire une collecte de fonds pour votre école ou votre équipe ?

Je ne recommanderais pas de faire payer un droit d'entrée, mais si vous souhaitez ajouter d'autres activités comme une soirée cinéma ou une soirée jeux, il serait peut-être approprié de faire payer un droit d'entrée.

Vérifiez les licences et permis dont le conseil municipal pourrait avoir besoin avant de commencer à faire des plans.

Une fois que vous avez informé les parents de la date et de l'heure de votre événement en utilisant les médias sociaux ou d'autres outils tels qu'une lettre d'information ou un courriel, vous pouvez commencer à recueillir des dons pour les prix. Vous aurez besoin de prix pour le meilleur costume, le costume le plus créatif, le costume le plus effrayant, etc. en fonction du nombre de dons reçus.

Choisissez des jeux en rapport avec Halloween, tels que le jeu de la pomme, le bingo, le jeu de l'âne (sur le thème d'Halloween), le jeu du ballon, etc. Vous pouvez être aussi créatif que vous le souhaitez.

Vous pouvez demander aux parents de préparer des friandises plus saines en rapport avec le thème, mais la soirée serait parfaite sans la distribution de bonbons ou de sacs-cadeaux.

103 IDÉES DE COLLECTE DE FONDS

67.

Fête d'anniversaire

Il peut s'agir d'une collecte de fonds si, au lieu de demander des cadeaux, l'enfant demande des dons à votre organisation.

À plus grande échelle, vous pourriez organiser une fête d'anniversaire pour votre école ou votre équipe et demander des dons pour quelque chose de spécifique que les parents et les familles seraient heureux d'offrir aux élèves ou à l'équipe.

Au lieu d'argent, vous pourriez demander de nouveaux livres pour la bibliothèque comme cadeau d'anniversaire à l'école.

Faites preuve de créativité.

103 IDÉES DE COLLECTE DE FONDS

68.

Vente de livres

Il s'agit là d'une tâche gargantuesque!

Vous aurez également besoin d'un moyen d'exposer les livres pour que les gens puissent les acheter. Je vous conseille de classer les livres par catégories au fur et à mesure de leur arrivée - cela vous évitera bien des maux de tête à long terme. Vous pouvez facilement les vendre dans des catégories telles que

LIVRES POUR ENFANTS

BANDES DESSINÉES/ROMANS GRAPHIQUES

LIVRES DE FICTION BROCHÉS

LIVRES DE FICTION À COUVERTURE RIGIDE

OUVRAGES NON ROMANESQUES (LIVRE DE POCHE)

LIVRES NON ROMANESQUES À COUVERTURE RIGIDE.

Les acheteurs de livres ne voient pas d'inconvénient à trier

Veillez à vérifier les licences

Ajoutez tout autre élément de collecte de fonds de cette liste que vous souhaitez.

Demandez des dons de prix ou des sponsors si vous le souhaitez.

103 IDÉES DE COLLECTE DE FONDS

69.

Foire aux antiquités

Les antiquités peuvent être un peu difficiles à évaluer, c'est pourquoi vous pouvez louer des stands à des professionnels si vous souhaitez organiser une foire aux antiquités.

Après avoir choisi la date et l'emplacement et vous être renseigné auprès de la municipalité sur les permis, les licences, etc., vous pouvez commencer à faire savoir par le biais des médias sociaux, des journaux, de la radio et d'autres sites locaux que vous recherchez des antiquaires.

C'est assez facile : il suffit de demander une redevance pour l'espace de stand qui vous est alloué.

La plupart des antiquaires ont leur propre « système » d'installation et d'exposition de leurs marchandises. La plupart apporteront même leurs propres tables et chaises pour la journée. Expliquez clairement aux vendeurs qu'ils sont responsables de la méthode de paiement pour leur stand et qu'ils doivent disposer de la monnaie nécessaire, etc.

Si vous organisez votre événement sur le terrain de l'école ou de l'équipe, vous pouvez limiter vos frais généraux. Toutefois, je vous recommande d'organiser au moins une grillade de saucisses ou de hot-dogs et de vendre des boissons.

Pour attirer les familles, vous pouvez également proposer un château gonflable ou des maquillages, en fonction de votre budget et de vos objectifs généraux.

103 IDÉES DE COLLECTE DE FONDS

70.

S oirée musicale

Cette idée peut être dérivée de l'idée n°24.

Des films musicaux sont choisis pour la soirée et les parents déposent leurs enfants pendant quelques heures pour regarder des films et manger des pizzas.

Vous trouverez d'autres idées et suggestions au point 24, mais n'hésitez pas à faire preuve d'imagination. Vous pouvez également adapter cette idée à un événement familial en combinant d'autres éléments de cette liste.

N'oubliez pas de vous renseigner auprès du conseil municipal sur les licences, les permis, les assurances, etc.

103 IDÉES DE COLLECTE DE FONDS

71.

Collecte de pièces de monnaie
Il s'agit d'une collecte de fonds facile à organiser. Il suffit de créer des boîtes de conserve portant l'étiquette de votre école ou de votre équipe et de les envoyer à la maison avec les enfants.

Les familles seront invitées à y déposer leurs pièces de rechange et à les renvoyer à l'école.

Idées pour les familles et les pièces

Payer une pièce pour regarder la télévision

Payer une pièce si l'on dit un gros mot

Payer une pièce pour se coucher tard

Payer une pièce plutôt que de manger un légume que l'on n'aime pas.

Après la date d'expiration, vous aurez besoin de quelques volontaires pour compter et peut-être même rouler les pièces avant de les porter à la banque (en fonction de l'endroit où vous vivez et des exigences de la banque).

Certaines entreprises peuvent fournir des boîtes de conserve appropriées, qui ne peuvent être ouvertes qu'après la fin de la journée par l'école ou l'équipe, mais cela augmenterait vos frais généraux.

103 IDÉES DE COLLECTE DE FONDS

72.

Exposition d'art

Il s'agit d'un excellent moyen de collecter des fonds, surtout si vous êtes une école.

Les enseignants peuvent demander à tous les enfants de leur classe de créer des œuvres d'art qui seront ensuite exposées dans l'école.

Les parents sont invités à venir acheter les œuvres de leur enfant afin de collecter des fonds pour l'école.

Hormis les fournitures, les frais généraux sont minimes, voire nuls.

Si vous le souhaitez, vous pouvez ajouter d'autres articles tels que de la nourriture, du vin et des boissons non alcoolisées.

Il n'est pas nécessaire de rechercher des sponsors ou des dons, sauf si vous souhaitez distribuer des prix et demander aux gens de voter pour leur œuvre préférée.

Si vous êtes une équipe et que vous souhaitez faire la même chose, vous devrez peut-être louer une salle et faire participer les parents à la création des œuvres d'art. Si votre équipe est à la recherche d'un nouveau logo ou d'un nouveau nom, vous pourriez organiser un concours pour le meilleur dessin, qui serait apposé sur les uniformes, les casquettes, etc. Dans ce cas, il est recommandé de faire appel à des sponsors et à des donateurs. Dans ce cas, il est recommandé de faire appel à des sponsors et à des donateurs. Voir la rubrique « Soirée Trivia » ci-dessus pour un récapitulatif sur la manière de demander des dons.

N'oubliez pas de vous renseigner auprès de votre mairie sur les points suivant les permis, les assurances et les licences.

103 IDÉES DE COLLECTE DE FONDS

73.

Concours de danse
Dans le cadre d'une collecte de fonds pour une école ou une équipe, vous pouvez demander aux enseignants ou aux entraîneurs de s'impliquer. Demandez aux élèves de créer, en groupe ou individuellement, une danse de leur cru ou une vidéo YouTube. Choisissez ensuite une date et un lieu pour votre événement en direct où les danses seront exécutées. Vous aurez besoin d'un animateur pour la soirée et d'un système de sonorisation comprenant un microphone. Si vous n'avez pas de scène, vous pouvez aménager un espace comme un gymnase ou un auditorium dans lequel les gens se tiennent debout ou sont assis autour de l'espace central où les danses seront exécutées.

Il serait judicieux de demander des dons ou des sponsors si vous avez besoin de costumes et que vous travaillez en équipe. Sinon, voyez si certains parents pourraient se charger de la création des uniformes. Pour simplifier les choses, les équipes peuvent être classées par couleur. Vous pouvez également distribuer des prix. Demandez des dons à des entreprises locales et nationales. Voir Soirée Trivia pour des idées sur la manière de procéder.

Comme toujours, n'oubliez pas de vérifier auprès du conseil municipal si des permis, des licences ou des assurances sont nécessaires pour votre événement.

103 IDÉES DE COLLECTE DE FONDS

74.

Concours de mangeurs de tartes

Il ne s'agit pas nécessairement d'une tarte - si vous êtes préoccupé par la promotion de l'obésité dans votre école ou dans votre équipe, vous pouvez être créatif et proposer une option d'alimentation saine ou vous pouvez utiliser un concours comme celui-ci pour amener vos élèves à parler des problèmes auxquels ils sont confrontés dans un monde de fast-food.

Il pourrait s'agir d'un concours de mangeurs de céleri ou de carottes, mais je ne suis pas certain qu'il y ait beaucoup de volontaires. Le gâteau à la carotte pourrait être un bon compromis.

Traditionnellement, il faudrait que quelqu'un prépare un grand nombre de tartes. Il faudrait que les gens paient pour participer au concours de mangeurs de tartes. Il faut des bavoirs, des serviettes et des couverts (à moins que les mangeurs de tartes ne souhaitent utiliser leurs mains).

Vous pourriez vendre des billets ; vous pourriez aussi ajouter d'autres choses comme des châteaux gonflables, de la peinture sur visage, etc. C'est à vous de décider ce que vous souhaitez ajouter à la liste et/ou dans quelle mesure vous souhaitez que cet événement soit sain ou malsain.

Demandez des dons ou des sponsors si vous le souhaitez.

N'oubliez pas de vérifier auprès du conseil municipal si vous répondez à toutes ses exigences pour votre événement.

Si vous craignez de promouvoir les risques pour la santé d'une consommation excessive de tartes, vous pouvez préparer des tartes salées telles que des quiches (végétariennes en option).

« Nous allions organiser un concours de dégustation de tartes, mais avec une option plus saine... »

Les concurrents peuvent également choisir les tartes qu'ils souhaitent manger, salées ou sucrées.

C'est à vous de choisir, mais le plus important est de connaître votre public pour savoir à l'avance ce qui lui convient le mieux.

103 IDÉES DE COLLECTE DE FONDS

75.

L a meilleure fête costumée de tous les temps
Cette fête est semblable à la fête d'Halloween n° 67, mais à une échelle beaucoup plus grande.

Choisis un thème pour ta fête. Quelques suggestions :
NOIR ET BLANC
TOP AND TAILS (TÊTE ET QUEUE)
20E SIÈCLE
EDWARDIAN.

Faites la promotion de votre événement par les moyens habituels, y compris les médias sociaux, les journaux, les stations de radio, les chroniques d'événements, etc.

Vérifiez auprès du conseil municipal avant d'entreprendre l'une ou l'autre des démarches ci-dessus afin de vous assurer que vous répondez à toutes ses exigences.

Une fois la date et le lieu fixés, vous pouvez commencer à planifier la soirée de l'événement et demander des sponsors et des dons pour des articles que vous pouvez utiliser comme prix. Il serait utile d'ajouter l'article 11 de la vente aux enchères silencieuse et d'autres articles de cette liste.

Vous aurez besoin d'un grand nombre de bénévoles pour être à l'affût des costumes à récompenser. Ensuite, il faudra réduire la liste aux 10 meilleurs costumes. Ces personnes seront invitées à monter sur scène (ou devant le groupe) et les participants voteront pour désigner le gagnant.

Prévoyez des boissons et de la nourriture pour rendre votre événement plus social. Ajoutez les éléments du point 1 de la soirée Trivia pour garantir une soirée amusante.

N'oubliez pas de vérifier auprès du conseil municipal si des permis ou des licences sont nécessaires.

103 IDÉES DE COLLECTE DE FONDS

76.

Fête des super-héros
   Cette activité est surtout destinée aux enfants, mais les adultes aiment aussi se déguiser - vous pouvez donc en faire un événement de collecte de fonds pour tous.
   Incorporez un mélange d'idées du point 76 et demandez aux gens de participer à votre événement déguisés en super-héros. Suivez, choisissez et sélectionnez les éléments du point 76 pour vous assurer d'avoir une soirée amusante et d'être en mesure d'inclure les éléments que vous souhaitez.

103 IDÉES DE COLLECTE DE FONDS

77.

Courses de chevaux
Si vous avez un centre de courses hippiques à proximité, vous pourrez peut-être organiser votre événement directement avec lui. Il y aura probablement une salle des fêtes (ou quelque chose de similaire) et si vous avez le budget nécessaire, vous pourrez faire appel à un traiteur. Vous pouvez demander un droit d'entrée comprenant la nourriture, les boissons et une journée de courses. Les paris seront en sus - ils devront les payer en plus du droit d'entrée et les paris ne sont bien sûr pas obligatoires pour cette fonction sociale.

Si l'établissement le permet, vous pouvez demander des sponsors et des donateurs extérieurs pour un événement supplémentaire comme une vente aux enchères silencieuse ou une vente aux enchères en direct. Ces deux types d'événements fonctionneront très bien et augmenteront vos bénéfices globaux.

L'établissement que vous louez sera en mesure de vous indiquer les licences, les frais et les assurances qui seront ou pourront être exigés, mais je vous recommande tout de même de vérifier auprès des autorités locales, au cas où. Mieux vaut prévenir que guérir.

Si vous n'êtes pas d'accord avec les courses de chevaux (ou d'animaux), vous pouvez tout de même organiser une fête sociale, mais en utilisant un jeu de steeple-chase ou un jeu avec animation. Pour ce faire, vous devez sortir des sentiers battus et faire preuve d'imagination.

Vous pouvez également organiser une course en sac (avec des humains, bien sûr) et l'intégrer à votre événement en y ajoutant des costumes et des équipes.

103 IDÉES DE COLLECTE DE FONDS

78.

Soirée sportive

Si un grand événement sportif est prévu et que vous avez accès à un grand écran de télévision ou à un projecteur, vous pouvez vendre des billets pour regarder le match dans le cadre d'une collecte de fonds. Vous proposeriez ainsi un événement partagé avec des amis et des membres de votre famille, avec des avantages tels que de la nourriture, des boissons et des jeux amusants. Ajoutez les autres idées de la liste pour augmenter les recettes de votre collecte de fonds.

Demandez des dons de prix pour les jeux entre les parties, amusez-vous !

Pour économiser de l'argent sur la nourriture, vous pouvez demander à tous ceux qui ont acheté un billet d'entrée d'apporter un plat à partager. Pour ce faire, vous installerez une table et les participants pourront se servir eux-mêmes. La nourriture serait comprise dans le prix d'entrée.

Si vous pouvez vendre de l'alcool (bière et vin) - vous aurez besoin d'une licence - cela vaut la peine de demander des dons. Sinon, il peut s'agir d'un événement BYO (Bring Your Own Beverage). Si l'événement a lieu le soir, il est préférable qu'il soit réservé aux adultes.

Encouragez les participants à porter les couleurs, les maillots, les casquettes, etc. de leurs équipes préférées. Vous pouvez également vendre des billets pour un jeu « Devinez le score gagnant ».

Recherchez en ligne des feuilles de jeu que vous pouvez imprimer gratuitement ou faites preuve de créativité et créez les vôtres.

N'oubliez pas de vérifier auprès du conseil municipal - vous connaissez la marche à suivre.

103 IDÉES DE COLLECTE DE FONDS

79.

Soirée des souvenirs
Si vous avez des articles de célébrités disponibles pour une vente aux enchères ou une vente aux enchères silencieuse, vous pouvez organiser un événement entier autour de ces articles. Si vous avez une institution, un groupe de musique, un romancier, une organisation sportive, etc., les approcher pour obtenir des souvenirs afin de collecter des fonds pour votre école ou votre équipe pourrait être conforme à leur politique de dons à la communauté. Voici quelques exemples d'initiatives qui pourraient fonctionner dans votre communauté :

- Livres dédicacés

- Maillots de sport/vestiaires (dédicacés ou non)

- Vêtements de célébrités (dédicacés ou non)

- Équipements sportifs (dédicacés ou non)

- Billets de vacances/Train/Avion/Bus

- Œuvres d'art signées par des artistes locaux

- Billets/places pour un événement.

Sortez des sentiers battus et vous obtiendrez peut-être une victoire inattendue.

REMARQUE : Vérifiez auprès des parents de votre école. Certains d'entre eux ont-ils un lien de parenté ou d'amitié avec une célébrité ou une personnalité sportive qui pourrait être disposée à faire un don à l'école ou à l'équipe de votre fils ou de votre fille dans le cadre d'une collecte de fonds ? Une demande de la part d'un ami ou d'un parent est toujours un BONUS et 9/10 donne les meilleurs résultats.

Vous ne le saurez jamais tant que vous n'aurez pas tenté votre chance !

Provenance !

La provenance de votre objet sera particulièrement importante pour le prix que vous en obtiendrez. Veillez à ce que la lettre de l'organisation (une copie) soit disponible lors de votre événement pour être exposée. Assurez-vous également de connaître la valeur du don.

103 IDÉES DE COLLECTE DE FONDS

80.

Festival international de l'alimentation

La diversité est un élément clé de votre communauté et c'est un excellent moyen de la célébrer tout en collectant des fonds pour votre école ou votre équipe.

Il est préférable d'organiser cet événement dans l'enceinte de votre école ou de votre équipe.

Une fois que tout est en place, choisissez un jour pour l'événement. Il peut s'agir d'un événement après l'école ou d'un week-end entier, en fonction de vos objectifs.

Demandez aux parents d'apporter un plat du pays d'origine de leur famille. Si les enfants de votre équipe ou de votre école ne connaissent pas les origines de leur arbre généalogique, c'est un bon moyen d'entamer la discussion.

Demandez à chacun d'apporter son plat à une heure précise et dressez des tables pour accueillir toute la nourriture. Vous pouvez utiliser des assiettes et des couverts en plastique si vous le souhaitez, mais l'utilisation de porcelaine et d'argenterie peut ajouter un élément de repas maison à votre événement. Décidez de ce qui vous convient le mieux en tenant compte de votre budget.

Vous pouvez toujours demander aux parents de faire don de ces articles, mais vous devez vous assurer qu'ils seront facilement identifiables afin de pouvoir les restituer.

Vous pouvez décider de la manière dont vous souhaitez collecter des fonds :

- Coût d'1 assiette

- Coût du buffet à volonté

- Coût du buffet à volonté + 1 boisson

- Vendez les boissons séparément.

Vous pouvez incorporer d'autres éléments de la liste, mais cet événement doit être l'occasion d'établir une communauté et d'apprendre à se connaître en priorité.

Comme toujours, vérifiez que vous répondez à toutes les exigences de la communauté en matière d'assurance, de licences, etc. Veuillez vous référer à la section Permissions.

103 IDÉES DE COLLECTE DE FONDS

81.

Soirée DJ
Les collectes de fonds avec DJ peuvent être très amusantes pour vos invités et peuvent également rapporter une bonne somme d'argent à votre école ou à votre équipe.

Comme toujours, vérifiez auprès des autorités locales qu'aucune licence, aucun permis ou aucune assurance n'est nécessaire. Consultez le fichier intitulé « Permissions ».

Lorsque vous cherchez un bon DJ, assurez-vous de vérifier ses références et pas seulement son site web. La personne que vous choisirez fera ou défait votre événement, car elle sera à la fois le maître de cérémonie et le musicien, et elle fournira également le système de sonorisation. Assurez-vous que la musique qu'il a en stock conviendra à votre clientèle cible. Vous pouvez créer un thème pour votre événement et demander aux invités de porter des déguisements en rapport avec ce thème.

Une fois que vous connaissez les dates de disponibilité du DJ que vous souhaitez pour votre fête, commencez à chercher le lieu. Assurez-vous qu'il y a suffisamment de place pour s'asseoir et pour danser.

Une fois tout cela organisé, il est temps d'obtenir des dons et des sponsors et d'entrer dans le vif du sujet.

Il existe de nombreuses autres idées pour collecter des fonds avec une soirée DJ. Choisissez les éléments que vous souhaitez utiliser. Relisez le chapitre 1 et le chapitre sur l'argent pour vous assurer que vous avez mis en place des systèmes de gestion de l'argent, etc.

103 IDÉES DE COLLECTE DE FONDS

82.

ABBA Night
   Semblable à la #82 mais en utilisant uniquement des airs d'ABBA. Assurez-vous que votre public cible est fou du groupe que vous choisissez, et il n'est pas nécessaire qu'il s'agisse d'ABBA. Après tout, ils écouteront le même groupe toute la nuit pour votre événement de collecte de fonds. Vous pouvez engager un DJ ou, si vous avez de grands fans d'ABBA (ou d'un autre groupe) dans la foule et que vous avez accès à un système de sonorisation, vous pouvez en faire un événement à réaliser soi-même.

   N'oubliez pas de vérifier auprès du conseil municipal si des permis ou des licences sont nécessaires.

103 IDÉES DE COLLECTE DE FONDS

83.

Fête des années soixante-dix

Semblable à la #82 mais avec un thème.

Les années soixante-dix étaient l'époque du Heavy Metal et du Disco. Il serait préférable de trouver un DJ pour votre fête, mais si vous avez un parent qui a tout ce qu'il faut pour que l'événement soit réussi et que vous avez un système de sonorisation et l'accès à celui-ci, vous pouvez facilement en faire une collecte de fonds à faire soi-même.

N'oubliez pas de vérifier auprès du conseil municipal si des permis ou des licences sont nécessaires.

103 IDÉES DE COLLECTE DE FONDS

84.

Leçon de lecture

Il existe des entreprises qui peuvent vous aider à organiser une campagne de collecte de fonds et qui s'occuperont de presque tout pour vous, y compris de l'envoi du matériel, mais dans de nombreux cas, il peut y avoir des frais (ou un pourcentage de la somme collectée), alors vérifiez bien les détails.

Si vous souhaitez organiser quelque chose vous-même, il s'agit alors d'une campagne de collecte de fonds réalisable. Il vous suffirait d'envoyer à la maison un formulaire de parrainage similaire à celui que vous avez utilisé pour d'autres événements et de demander aux enfants de parrainer le nombre de livres qu'ils peuvent lire en un mois.

Ce serait une excellente occasion de financer l'achat de nouveaux livres pour la bibliothèque de l'école.

Les enfants devront noter tous les livres qu'ils lisent.

Les paiements peuvent être effectués directement à l'école par chèque ou en espèces.

N'oubliez pas de vérifier auprès du conseil municipal si des permis ou des licences sont nécessaires.

103 IDÉES DE COLLECTE DE FONDS

85.

Zoo pour enfants

De nombreuses entreprises peuvent vous aider à organiser un zoo pour enfants. Elles vous amèneront les animaux et vous aideront à régler tous les détails. Vous avez besoin d'un budget pour cela, mais vous pouvez vendre des billets et obtenir des dons et des sponsors pour des événements supplémentaires.

N'oubliez pas de vous renseigner auprès du conseil municipal pour savoir si des permis ou des licences sont nécessaires.

103 IDÉES DE COLLECTE DE FONDS

86.

Lutte à la corde

Demandez aux élèves de votre école de former des équipes. Demandez aux équipes de payer un droit d'entrée. Vous avez besoin d'une grande corde avec des drapeaux et d'une fosse pour diviser les équipes. Renseignez-vous auprès de votre quincaillerie locale.

Recherchez des sponsors et des prix pour les gagnants et pour les événements complémentaires.

N'oubliez pas de vérifier auprès du conseil municipal si des permis ou des licences sont nécessaires.

103 IDÉES DE COLLECTE DE FONDS

87.

Journée multiculturelle

Il s'agit d'une variante de l'événement n° 81, qui ne se limite pas à la nourriture et qui se déroule sur toute la journée, avec un droit d'entrée.

Des troupes de danse de tous les pays pourraient être présentes, ainsi que des orchestres, de la musique jouée à la cornemuse ou en direct, et des plats traditionnels pourraient également être servis.

C'est une journée de célébration et de rencontre avec des personnes de cultures différentes, qui permet de découvrir et de renforcer les liens avec votre communauté.

La célébration des différences nous permet d'élargir nos horizons et de nous rapprocher les uns des autres !

N'oubliez pas de vérifier auprès du conseil municipal si des permis ou des licences sont nécessaires.

103 IDÉES DE COLLECTE DE FONDS

88.

Twister Party

Ce jeu peut être un excellent complément à de nombreux autres événements.

Dans votre bulletin d'information ou en ligne, demandez aux parents de lever la main s'ils souhaitent faire don de leur exemplaire de Twister.

En fonction de la taille de votre salle, vous pouvez alors prévoir le nombre de feuilles de jeu que vous pouvez accueillir.

Lorsque les jeux vous sont remis, assurez-vous que le nom de la famille est enregistré et que le tapis, etc. peut être rendu à la famille dans le même état qu'il a été fourni.

Tout le monde joue en même temps dans certains tours, dans d'autres il peut y avoir une participation d'équipe contre équipe.

Entre les manches, vous pouvez organiser des tombolas, voire une vente aux enchères silencieuse.

À chaque tour de Twister, la dernière personne debout gagne un prix.

Attribuez des points tout au long de l'événement, de manière à ce que la personne qui gagne le plus grand nombre de tours soit la dernière personne de la fête Twister et remettez-lui un prix approprié.

Remerciez les familles d'avoir donné leurs jeux de Twister et rendez-les à la fin de la soirée (si les familles sont présentes) ou le lendemain à l'école, ou lors de votre prochain entraînement d'équipe.

103 IDÉES DE COLLECTE DE FONDS

89.

Fête de la cuisine

Cet événement pourrait être combiné à une vente de pâtisseries ou à un festival international de l'alimentation si votre école ou votre équipe a accès à des installations de cuisine suffisamment grandes pour permettre à un groupe de se réunir et de préparer une grande variété d'articles.

Il peut également s'agir d'une collecte de fonds à réaliser soi-même, dans le cadre de laquelle les familles invitent d'autres familles de l'école chez elles pour un dîner. Au préalable, elles se réunissent et préparent un festin, puis tout le monde partage le repas.

Demandez à votre entourage si quelqu'un connaît un chef cuisinier professionnel qui souhaiterait participer à la collecte de fonds de votre école ou de votre équipe. Qui sait ? L'un des parents est peut-être même chef cuisinier !

Vous pourriez composer un menu tel que

- Soupe

- Salade

- Plat principal avec verre de vin/boisson

- Dessert.

Fixez un prix par personne. Ce prix peut augmenter considérablement si c'est un vrai chef qui prépare le repas et qu'il donne de son temps.

Si vous ne vous sentez pas à l'aise, vous pouvez demander des dons pour votre école ou votre équipe.

N'oubliez pas de vérifier auprès du conseil municipal si des permis ou des licences sont nécessaires.

103 IDÉES DE COLLECTE DE FONDS

90.

Événement non événementiel
Pour cette activité, vous n'avez besoin que de votre imagination.

Choisissez un événement que vous rêvez d'organiser pour collecter des fonds pour votre école ou votre équipe, le plus grand possible, puis calculez ce que cela vous coûterait (en temps et en argent) d'organiser un tel événement. Détaillez chaque article en indiquant son prix.

Calculez ensuite ce que cela coûterait à quelqu'un qui assisterait à votre événement. Exemples : l'achat d'une nouvelle tenue :

- Achat d'une nouvelle tenue

- Engager une baby-sitter

- Prendre un taxi pour rentrer chez soi

- Billets pour un événement

- Se faire couper les cheveux/se faire coiffer

- Faire une manucure/se faire faire les ongles

- articles pour la tombola ou la vente aux enchères silencieuse.

Établissez maintenant une estimation pour chacun des éléments ci-dessus.

Rassemblez les deux listes, faites-en une invitation et envoyez-la aux grands donateurs, en les invitant à votre « événement non événementiel ».

Si vous êtes en mesure d'obtenir des adresses électroniques et de créer votre événement hors événement sous la forme d'une invitation virtuelle, c'est une autre dépense que vous économisez et que vous pouvez maintenant ajouter à la liste des économies réalisées.

L'essentiel est que vous économisiez de l'argent en ne les invitant pas à assister à l'événement proprement dit.

Lorsque vous déduisez une liste de l'autre, après leur avoir montré combien ils ont économisé, demandez-leur de faire un don à votre école ou à votre équipe.

Joignez à votre invitation un coupon qu'ils pourront découper et remplir.

Vous pourrez ensuite leur envoyer un mot de remerciement et un reçu fiscal, le cas échéant.

N'oubliez pas de vérifier auprès du conseil municipal si des permis ou des licences sont nécessaires.

MISE A JOUR : PERFECTION PANDEMIQUE

Cet événement est parfait pour la période de pandémie que nous vivons actuellement. Gardez cependant à l'esprit que de nombreuses entreprises sont en difficulté et ne seront peut-être pas en mesure de vous aider comme elles l'étaient auparavant en raison de l'éloignement social et d'autres restrictions liées à la pandémie.

103 IDÉES DE COLLECTE DE FONDS

91.

Course aux œufs

Cet événement doit être organisé en plein air afin de minimiser le désordre.

Il s'agit d'un complément amusant mais salissant à d'autres événements majeurs.

Les frais généraux sont peu élevés ; tout ce dont vous avez besoin, ce sont des équipes de joueurs, des cuillères et, bien sûr, des œufs durs.

Faites payer un droit d'entrée aux équipes.

Demandez des dons pour les prix.

N'oubliez pas de vérifier auprès du conseil municipal si des permis ou des licences sont nécessaires.

103 IDÉES DE COLLECTE DE FONDS

92.

Foire aux vêtements vintage et de seconde main

Porter des vêtements vintage et de seconde main est à la mode. Et vous pouvez trouver de véritables trésors si vous faites le tour des magasins.

Alors, pourquoi ne pas faire de cette mode une collecte de fonds ?

Demandez des dons à votre communauté. Affichez des prospectus indiquant que vous allez collecter des vêtements non désirés, presque neufs ou récemment nettoyés, afin de récolter des fonds pour votre école ou votre équipe.

Insérez dans le bulletin d'information de l'école ou de l'équipe un appel aux parents pour qu'ils fassent des dons. Demandez à tous les parents de s'assurer que les vêtements sont en excellent état, qu'ils ont été nettoyés et, le cas échéant, repassés. Je sais que cette demande peut paraître saugrenue, mais elle vous évitera d'avoir à trier des articles inutilisables.

Je vous recommande d'utiliser l'enceinte de l'école pour votre collecte de fonds afin de limiter vos frais généraux.

Vous aurez besoin d'un espace de stockage et de beaucoup de temps pour passer en revue tous les articles et en fixer le prix individuellement.

Consultez les étiquettes haut de gamme en ligne pour comparer les prix. Oui, tout le monde veut et s'attend à une bonne affaire - mais ils s'attendront à payer un peu plus puisqu'il s'agit d'une collecte de fonds.

Créez un environnement accueillant, où les clients peuvent vraiment regarder les vêtements, voir les prix à l'avance et vouloir les essayer.

VESTIAIRES

Vous devrez également prévoir quelques vestiaires. Vous pouvez demander aux gens d'utiliser les toilettes de l'école ou les créer à l'aide de rideaux et de rails.

RUMMAGING AMUSANT

Pour des articles comme les t-shirts, vous pouvez les jeter dans une boîte et les gens seront ravis de fouiller.

Il en va de même pour les sacs à main, les chaussures, les cravates et les bijoux.

CINTRES

Un grand nombre de cintres sur le site peut également aider à présenter les marchandises. Demandez des dons.

SUPPORTS DE MODE

Demandez aux magasins locaux s'ils peuvent vous prêter un de leurs porte-manteaux.

En échange d'une somme d'argent supplémentaire, vous pouvez louer des stands à des vendeurs individuels ou à des magasins.

Ajoutez d'autres éléments comme de la nourriture ou des boissons. Si vous voulez faire les choses en grand, vous pouvez même incorporer un défilé de mode. Reportez-vous au point 44 pour obtenir des idées et des suggestions.

N'oubliez pas de vérifier auprès du conseil municipal si des permis ou des licences sont nécessaires.

103 IDÉES DE COLLECTE DE FONDS

93.

Soirée cinéma classique

Consultez les suggestions n° 24 et n° 71. Pour cette activité de collecte de fonds, vous pouvez choisir des films classiques sur un thème spécifique, comme par exemple les films de Cary Grant, de Marilyn Monroe, etc : Cary Grant, Marilyn Monroe, etc., ou choisir un certain genre comme la comédie, l'horreur, etc.

Vous pouvez également choisir un film qui a d'abord été réalisé en noir et blanc et qui a été remonté plus récemment. Invitez vos invités à passer la soirée à regarder les deux films et à en parler ensuite.

Vous pourriez même ajouter un quiz avec des prix à la clé.

Vous pourriez inclure de la nourriture, des boissons et d'autres jeux, pour lesquels vous devriez rechercher des dons et des parrainages afin de maintenir vos frais généraux à un niveau peu élevé.

N'oubliez pas de vérifier auprès du conseil municipal si des permis ou des licences sont nécessaires.

"Vous ne donnez pas grand-chose lorsque vous donnez vos biens.

C'est lorsque vous donnez de vous-même que vous donnez vraiment."

Kahlil Gibran

103 IDÉES DE COLLECTE DE FONDS

94.

Soirée de dégustation de fromages et de vins
Un partenariat avec une cave ou une brasserie locale pourrait faire de cette soirée un événement social lucratif.

Un second partenariat avec un expert ou un magasin de fromages local permettra également de réaliser une bonne combinaison pour une collecte de fonds.

Si vous êtes en mesure d'impliquer l'un de ces partenaires ou les deux, ils devraient pouvoir vous aider dans tous les aspects de votre promotion.

Ajoutez d'autres événements de collecte de fonds appropriés de cette liste pour augmenter vos chances de maximiser votre événement de collecte de fonds.

Si vous n'aimez pas les vins et fromages, vous pouvez transformer cette soirée en Pizza et bière.

Vous pouvez également créer une soirée boissons vierges (sans alcool) et fromage.

Pour une soirée adaptée aux enfants, les boissons gazeuses et les pizzas peuvent également faire l'affaire.

N'oubliez pas de vérifier auprès du conseil municipal si des permis ou des licences sont nécessaires.

103 IDÉES DE COLLECTE DE FONDS

95.

Événement de chouchoutage

Demandez aux parents s'ils sont affiliés à des petites entreprises spécialisées dans les manucures, les pédicures et les massages s'ils accepteraient de participer à une collecte de fonds.

Ils donneraient de leur temps pour une journée afin de collecter des fonds pour votre école ou votre équipe.

Négociez les conditions avec eux... Feront-ils don de la totalité ou d'une partie de leurs bénéfices ?

Si vous thématisez votre événement, par exemple une journée mère-fille ou une journée père-fils, cela peut très bien fonctionner.

Envisagez d'ajouter des services adaptés à votre public, tels que la coiffure (coupe, coupe et séchage, tressage, etc.).

Reportez-vous à l'idée n° 5 pour d'autres idées que vous pourriez inclure.

N'oubliez pas de vérifier auprès du conseil municipal si des permis ou des licences sont nécessaires.

103 IDÉES DE COLLECTE DE FONDS

96.

Fête de la métamorphose

Pour cet événement, vous aurez peut-être la chance d'avoir dans votre école ou dans votre équipe un parent expert en relooking qui acceptera de vous aider dans votre collecte de fonds.

Si ce n'est pas le cas, vous devrez vous arranger avec un spa ou un salon de coiffure local.

Une fois ces détails réglés, vous pourriez vendre des billets de tombola - le gagnant remporterait un relooking complet.

Vous pourriez intégrer certains des événements des numéros 5 et 95, mais veillez à ne pas demander l'aide des mêmes entreprises (partenaires) à trop d'occasions au cours d'une même année. Cherchez toujours d'autres entreprises de votre communauté pour vous aider. Tout le monde y gagne.

Vous pourriez demander des dons pour d'autres prix, afin qu'il y ait plus d'un gagnant.

N'oubliez pas de vérifier auprès du conseil municipal si des permis ou des licences sont nécessaires.

103 IDÉES DE COLLECTE DE FONDS

97.

Tombola
Il s'agit d'un événement de type Prix Mystère - où les gens font des offres sur des articles qu'ils ne peuvent pas voir - afin de collecter des fonds pour votre école ou votre équipe.

La méthode pour obtenir des dons est la même que celle décrite dans la liste ci-dessus.

Les enchérisseurs tentent leur chance sur ce qui se trouve à l'intérieur de la boîte et décident du montant de leur enchère. Certains reçoivent des prix fantastiques offerts par des donateurs, d'autres de petits prix ou même des prix amusants.

L'essentiel est que tout le monde soit gagnant.

N'oubliez pas de vérifier auprès du conseil municipal si des permis ou des licences sont nécessaires.

103 IDÉES DE COLLECTE DE FONDS

98.

Tombola de vacances

Les tombolas sont d'excellents compléments à tout événement, mais elles peuvent également être extrêmement utiles et faciles à organiser à l'occasion de n'importe quelle fête.

L'avantage est que la plupart des gens attendent et célèbrent exactement le même événement, mais ne vous laissez pas arrêter. Si vous souhaitez organiser une tombola et créer votre propre fête ou événement, n'hésitez pas.

Avant d'organiser votre tombola, vous devez obtenir des dons de prix. Plus les prix sont importants et nombreux, mieux c'est.

Le meilleur moyen est de créer des billets à l'aide d'un modèle que vous trouverez en ligne et de les imprimer.

Veillez à noter le nom et l'adresse de tous les acheteurs de billets et conservez le talon du billet dans votre livre.

Le tirage au sort doit avoir lieu dans un lieu public convenu, les gagnants doivent être informés immédiatement et les prix doivent être distribués ou récupérés.

N'oubliez pas de vérifier auprès du conseil municipal si des permis ou des licences sont nécessaires.

103 IDÉES DE COLLECTE DE FONDS

99.

Course de canards en caoutchouc

Pour cette course, vous n'avez pas besoin d'une rivière à proximité. Vous pouvez avoir quelques petites piscines en plastique pour enfants et cela fonctionnera très bien.

Vous devrez acheter des canards en caoutchouc dans un magasin à un dollar ou dans un magasin de jouets. Le nombre de canards dépendra du nombre de prix que vous pourrez obtenir.

Dressez une liste de tous les prix.

Choisissez un canard et écrivez un numéro dessus.

La personne qui choisit le canard gagnera le prix correspondant au numéro.

Une fois que vous avez les canards numérotés, vous pouvez les faire flotter lors de l'événement et les gens peuvent choisir leur propre canard.

Veillez à utiliser un marqueur qui ne s'effacera pas dans l'eau.

Vous pouvez organiser cette promotion régulièrement si elle fonctionne bien ; ne craignez donc pas que le fait d'écrire sur les canards les abîme.

N'oubliez pas de vérifier auprès du conseil municipal si des permis ou des licences sont nécessaires.

103 IDÉES DE COLLECTE DE FONDS

100.

Nuit du jeu

Comme au point 53, mais uniquement la nuit, et cette fois-ci, vous pouvez proposer un éventail de jeux ou un thème particulier, en fonction des jeux populaires dans la communauté.

Consultez les autres idées de collecte de fonds de la liste pour trouver d'autres événements nocturnes et des ajouts pour maximiser vos possibilités de collecte de fonds.

N'oubliez pas de vérifier auprès du conseil municipal si des permis ou des licences sont nécessaires.

103 IDÉES DE COLLECTE DE FONDS

101.

Prix de présence et tombolas
Un excellent moyen de collecter des fonds supplémentaires lorsque les gens achètent leurs billets pour votre événement consiste à organiser des tirages au sort d'articles qui ont été donnés.

Vous pouvez également rechercher des articles spécifiques à utiliser comme prix de présence, tels que des voyages, des vacances, des séjours à l'hôtel, des locations de chalet, etc. Ces articles valent généralement beaucoup d'argent ; la tentation d'acheter un billet dans l'espoir de gagner au moins l'un de ces prix ajouterait donc à l'excitation de la soirée.

C'est aussi l'occasion de demander à vos invités de noter leurs noms, adresses et numéros de téléphone afin que vous puissiez les appeler s'ils gagnent (et s'ils ne sont pas présents).

Si vous préférez, vous pouvez également organiser notre tombola en précisant que le gagnant doit être présent à votre événement pour gagner.

L'établissement d'une liste de noms et d'adresses présente des avantages, mais si votre événement se déroulait en interne (dans votre école ou avec votre équipe), il est fort probable que vous disposiez déjà de ces informations.

Etablissez une liste que vous pourrez utiliser pour communiquer (avec l'accord du directeur ou de l'entraîneur) avec des bénévoles potentiels, d'autres participants à l'événement, etc.

N'oubliez pas de vérifier auprès du conseil municipal si des permis ou des licences sont nécessaires.

103 IDÉES DE COLLECTE DE FONDS

102.

Locaux et entreprises

Déjeuner/dîner d'affaires

Que vous collectiez des fonds pour une école ou une équipe, les parents des enfants auront des contacts avec des entreprises locales et des sociétés.

Ce pourrait être l'occasion pour vous d'organiser un événement de collecte de fonds et de permettre à ces entreprises de nouer des contacts et de faire connaissance dans le cadre d'un forum professionnel.

Si vous collectez des fonds pour une école, cet événement pourrait s'ajouter à la manifestation « Que veux-tu faire quand tu seras grand ? »

Les entreprises pourraient payer un droit d'entrée pour le déjeuner et installer des stands d'exposition. Les enfants pourraient découvrir ce que font les différentes entreprises. Vous pourriez demander à certaines entreprises de parler de ce qu'elles font et de la raison pour laquelle c'est important.

Il est possible de créer un fonds de bourses d'études et/ou d'obtenir des dons importants et des sponsors par le biais d'un partenariat.

N'oubliez pas de vérifier auprès du conseil municipal si des permis ou des licences sont nécessaires.

103 IDÉES DE COLLECTE DE FONDS

103.

S 'associer à une autre organisation caritative ou à un autre groupe

Il est vrai que vous collectez des fonds pour l'école ou l'équipe de votre enfant, mais vous faites partie d'une communauté plus large et, en travaillant ensemble, vous pouvez aider d'autres personnes à atteindre leurs objectifs.

Cela élargit également le champ d'action de vos enfants et, au fur et à mesure qu'ils grandissent, vous leur donnez une leçon inestimable.

C'est une situation gagnant-gagnant - travailler en réseau et combiner les ressources.

N'oubliez pas de vérifier auprès de la municipalité si des permis ou des licences sont nécessaires.

INSPIRATION

"Il est louable d'être bon, mais ce n'est que lorsqu'il est combiné avec le fait de faire le bien qu'il est utile.
Stephen King
« Faites votre petite part de bien là où vous êtes ; ce sont ces petites parts de bien mises ensemble qui submergent le monde. »
Desmond Tutu
"Si vous voulez vous élever, élevez quelqu'un d'autre.
Booker T. Washington

INSPIRATION

« La meilleure façon de se trouver...
est de se perdre
au service des autres. »
M. Gandhi
« La question la plus persistante et la plus urgente de la vie
est la suivante :
que faites-vous pour les autres ? »
Martin Luther King

REMERCIEMENTS

J'aimerais profiter de cette occasion pour remercier chacun des parents qui m'ont aidée au fil des ans lors de tous les événements.

Je n'aurais pas pu le faire sans vous !

Merci à mes mentors (vous savez qui vous êtes) pour leurs encouragements, leur confiance et leur foi en moi.

Je vous laisse sur ces sages paroles d'Henry Ford :

« Se réunir est un début. Rester ensemble, c'est progresser. Travailler ensemble, c'est réussir ».

Je vous souhaite de réussir et j'espère que ce livre vous aidera dans votre démarche.

Tous mes vœux de réussite, Cathy McGough

INSPIRATION

« Le travail d'équipe est la capacité à travailler ensemble.
vers une vision commune. La capacité d'orienter
les réalisations individuelles vers les objectifs de
l'organisation.
C'est un carburant qui permet à des gens ordinaires
d'atteindre des résultats hors du commun ».
Andrew Carnegie
« Le miracle n'est pas que nous fassions ce travail,
mais que nous soyons heureux de le faire. »
Mère Teresa

INSPIRATION

« Ceux qui peuvent faire quelque chose le font.
Ceux qui peuvent faire plus, se portent volontaires. »
Auteur inconnu
« Je n'ai pas d'autre réponse à donner,
que des MERCI, et des MERCI. »
William Shakespeare

À PROPOS DE L'AUTEUR

Auteur plusieurs fois primée, Cathy McGough vit et écrit dans l'Ontario, au Canada, avec son mari, son fils, deux chats et un chien.

ÉGALEMENT PAR :

Le secret de Ribby
L'enfant de tous
13 HISTOIRES COURTES comprenant : Le parapluie et le
vent ; La révélation de Margaret ;
Le vin de pissenlit (FINALISTE DU PRIX DU LIVRE
PRÉFÉRÉ DES LECTEURS))
ENTRETIENS AVEC DES ÉCRIVAINS LÉGENDAIRES
DE L'AU-DELÀ (2ND PLACE BEST LITERARY
REFERENCE 2016 METAMORPH PUBLISHING)
YA
E-Z DICKENS SUPER-HÉROS LIVRES UN À QUATRE
UN ÉTAT DE GRÂCE MATHÉMATIQUE

+

LIVRES POUR ENFANTS

www.ingramcontent.com/pod-product-compliance
Lightning Source LLC
Chambersburg PA
CBHW031842200326
41597CB00012B/231